练声专用

阎亮 编著

配音 演播
Studio Dubbing

中国传媒大学 出版社
·北京·

目 录

数字资源

第一章　影视剧配音　/1
第一节　理论概要　/1
　一、影视剧配音的定义　/1
　二、创作特性与创作技巧　/2
第二节　训练材料及训练提示　/4
　一、电影《王子复仇记》片段　/4
　二、电影《简·爱》片段　/10
　三、电影《乔布斯》片段　/15
　四、电影《达·芬奇密码》片段　/20
　五、电影《假如爱有天意》片段　/27
　六、电影《走着瞧》片段　/30
　七、电视剧《我爱男闺蜜》片段　/34

八、电视剧《离婚律师》片段 /39

九、电视剧《甄嬛传》片段 /43

十、电视剧《天龙八部》片段 /49

十一、电视剧《玉观音》片段 /56

十二、电视剧《来自星星的你》片段 /60

第二章 动画片配音 /67

第一节 理论概要 /67

一、动画片配音的定义 /67

二、动画片配音的创作技巧 /68

第二节 训练材料及训练提示 /70

一、动画片《海底总动员》片段 /70

二、动画片《名侦探柯南:通往天国的倒计时》片段 /78

三、动画片《哆啦A梦:恐龙猎人》片段 /81

四、动画片《疯狂原始人》片段 /85

五、动画片《极速蜗牛》片段 /91

六、动画片《怪物电力公司》片段 /97

第三章　小说演播　/105

第一节　理论概要　/105

　　一、小说演播的定义　/105

　　二、小说演播的创作技巧　/106

第二节　训练材料及训练提示　/107

　　一、小说《鬼吹灯》片段　/107

　　二、小说《盗墓笔记》片段　/118

　　三、小说《永不瞑目》片段　/129

　　四、小说《何以笙箫默》片段　/140

　　五、小说《鹿鼎记》片段　/150

　　六、小说《陆犯焉识》片段　/159

第四章　广播剧演播　/169

第一节　理论概要　/169

　　一、广播剧的定义　/169

　　二、广播剧演播的创作技巧　/170

第二节　训练材料及训练提示　/172

　　一、广播剧《花枝俏》片段　/172

二、广播剧《诚信如山》片段 /184

三、广播剧《青鸟》片段 /191

四、广播剧《雪山忠魂》片段 /199

五、广播剧《七年三日》片段 /207

六、广播剧《半暖时光》片段 /215

后 记 /222

第一章　影视剧配音

第一节　理论概要

影视剧配音是影视配音艺术创作的主要组成部分,也是最具特色、最有代表性的一种艺术表现形式。

一、影视剧配音的定义

影视剧配音是指在影视剧作品中,由配音演员或演员本人面对画面,遵照原片所提供和限定的一切依据,以有声语言为表现手段,专为片中人物或角色的语言进行后期配制录音的艺术创作活动。包括人物的对白、独白、内心独白、旁白以及群声等内容。

二、创作特性与创作技巧

影视剧配音是科学技术进步的产物,具有强烈的规定制约性、整体适应性、技术依赖性和技能技巧性。影视剧配音又是多度创作的艺术,具有再现性、假定性、多向性等鲜明的创作特性。

影视剧配音创作中需要把握以下创作技巧:

1. 理解原片,找准依据

原片是影视剧配音创作的依据,深刻理解原片是创作者获得准确的心理依据的根本途径。理解原片要从以下三方面入手:

(1)深刻挖掘原片的思想主题。

(2)整体分析原片的规定情境。

(3)准确把握原片的时代特征、地域特征、风格、题材和体裁。

2.抓住特征,进入人物

塑造人物,是影视剧配音创作的核心。塑造人物首先就要进入人物的内心世界,掌握内心情感的主动认同和忘我幻化人物的内部技巧。

(1)理解、认同原片演员的表演。

(2)进入规定情境中的角色。

第一,与原片人物角色的性格气质相融合,抓住人物语言的"性格特征"。

第二,与原片人物角色的行为动作要同步,抓住人物语言的"行为特征"。

第三,感同身受地去体察角色,抓住人物语言的"生理特征"。

3.把握节奏,贴合画面

塑造人物的技巧,既包括内心情感的主动认同和忘我幻化的内部技巧,也包含有声语言的神形兼备和丝丝入扣的外部表达技巧。

(1)把握角色的语言节奏,贴合人物的

口形。

第一,贴合人物口形的长短。

第二,贴合人物口形的开合。

第三,贴合人物口形的松紧。

(2)把握角色的心理节奏,贴合人物的行动。

第一,贴合人物的气息状态。

第二,贴合人物的行为动作。

(3)把握作品的整体节奏,贴合画面的情境。

第一,无论对白旁白,人物身份都要准确。

第二,无论画里画外,语言感觉都要贯穿。

第二节 训练材料及训练提示

一、电影《王子复仇记》片段

内容简介:丹麦王子哈姆雷特的父王突然神秘死去,皇叔继位并娶母后为妻,这令哈姆雷特羞愧与愤怒。某夜他遇见父王鬼魂诉冤,终于知道原来是皇叔为篡位娶嫂而毒害亲兄。他决定为父报仇。最终优柔寡断的哈姆雷特在怒不可遏之下杀死了万恶的皇叔,母亲误饮毒酒身亡,而他自己也在报仇雪恨之后中毒而死。

1948 年上映的由劳伦斯·奥立弗自导自演的《王子复仇记》,是公认的最经典的改编版本,获得第 21 届奥斯卡最佳影片金像奖。

片段:斥责母后

波洛涅斯:他就要来了,要好好训训他。对他说他闹得太无法无天,幸亏娘娘居中替他挡开了上面的雷霆。我就在这儿静听。要对他狠一些。

哈姆雷特(以下简称"哈"):母亲?母亲?母亲?

王后(以下简称"后"):一定照办,放心,躲开,我听见他来了。

哈:母亲,有什么事情?

后:哈姆雷特,你把你父亲大大地得罪了。

斥责母后

哈:母亲,你把我父亲大大地得罪了。

后:好了,好了,你的回答真是瞎扯。

哈:得了得了,你的问话别有居心。

后:怎么了,哈姆雷特?

哈:什么又怎么了?

后:你忘了是我?

哈:我没有忘,没有! 你是皇后,你丈夫弟弟的妻子。我真但愿你不是我的母亲。

后:好,我去叫会说话的跟你说。

哈:来来,你坐下来,你不许动。我要在你面前竖一面镜子,叫你看一看你的内心的最深处。

后:你要干什么? 是不是要杀我? 救命!

救命!

波洛涅斯:救命,救命。

哈:什么? 耗子,死吧,我叫你死。

后:啊!

哈:死吧。

后:你干了什么了?

哈:不,我不知道。那是国王!

后:哦。好一桩鲁莽而血腥的行为。

哈:血腥的行为? 好母亲,这跟杀死一位国王再嫁给他的兄弟一样狠了!

后:杀死国王?

哈:对,母亲,正是这句话。你这个多管闲事的傻瓜! 再见吧,我还当是你的主子呢! 认倒霉吧,你现在知道多管闲事多危险了? 别老拧着你的手,你坐下来,让我拧拧你的心,我一定拧,只要你的心不是石头做成的。

后:我到底做了什么事,你敢这么粗声粗气

地对我?

哈: 你干的好事啊,你玷污了贤惠的美德,把贞操变成伪善,从真诚的爱情的容颜上夺去了玫瑰色的光彩,划上道伤痕,把婚约都变成了赌鬼的誓言。

后: 到底什么事?

哈: 请你看看这幅画像,你再看这一幅。这就是他们兄弟俩的画像。这一副面貌是多么的风采啊,一对叱咤风云的眼睛,那体态活像一位英勇的神灵刚刚落到摩天山顶,这副十全十美的仪表仿佛天神特为选出来向全世界公推这样一位完人——这就是你的丈夫。你再看这一个——你现在的丈夫,像颗烂谷子,就会危害他的同胞!你看看这绝不是爱情啊。像你这样岁数,情欲该不是太旺,该驯服了,该理智了,而什么样的理智会叫你这么挑的,是什么魔鬼迷了你的心呢?羞耻啊,你不感到羞耻吗？如果半老女人还要思春，那少女何必再讲贞操呢？

后：哦，哈姆雷特，别说了，你使我看清我自己的灵魂，看见里面许多黑点，洗都洗不干净。

哈：嘿，在床上淋漓的臭汗里过日子，整个儿糜烂呐！守着肮脏的猪圈无休止地淫乱！

后：哦，哈姆雷特，别再说了，这些话就像一把把尖刀，别说了，好哈姆雷特。

哈：一个凶犯，一个恶棍——奴才，不及你先夫万分之一的奴才，一个窃国盗位的扒手，从衣服架子上偷下了王冠装进了他自己的腰包。

后：别说了。

哈：一个耍无赖的——国王！

训练提示：《王子复仇记》突显了莎士比亚戏剧思想的深刻。剧中对白和独白都是诗一样的语言,华美、绚丽,富有激情,对展示人物内心世界和人物性格,揭示矛盾冲突,推动情节发展起着重要作用。在表达时要注意情绪的饱满和贯穿,重音的选择要准确鲜明。这段训练内容对于吐字、气息等基本功的要求较高,练习时要注意一气呵成,可适当模仿原片,体会流畅自如的有声语言的意蕴之美。

二、电影《简·爱》片段

内容简介:1970年版的《简·爱》被公认为是所有版本中改编得最恰到好处的,忠实于原著精神,且故事结构更为紧凑,爱情主题更加突出。乔治·斯科特的激情演绎使其他版本的"罗切斯特先生"黯然失色。苏珊娜·约克含蓄内敛的风格也被评为最接近简·爱的精神气质。1972年,这部电影由上海电影译制厂译制,并于1979

年6月在全国公映,成为全国观众心目中外国电影的经典之作。这一配音版本也被公认为中国译制片配音史上的巅峰之作。

片段:倾诉

罗切斯特(以下简称"罗"):哎,该怎么办,简?

有这样一个例子。有个年轻人,他从小就被宠爱坏了。他犯下个极大的错误。不是罪恶,是情况。它的后果是可怕的。唯一的逃避是逍遥在外,寻欢作乐。后来,他遇见个女人,一个二十年里他从没见过的高尚女人,他重新找到了生活的机会,可是世故人情阻碍了他。那个女人能无视这些吗?

倾诉

简:你在说自己,罗切斯特先生?

罗:是的。

简:每个人以自己的行为向上帝负责,不能要求别人承担自己的命运,更不能要求英格拉姆小姐。

罗:哼!你不觉得我娶了她,她可以使我获得完全的新生?

简:既然你问我,我想不会。

罗:你不喜欢她?说实话!

简:我想,她对你不合适。

罗:啊哈,那么自信?那么谁合适?你有没有什么人可以推荐?哼!嗨,你在这儿已经住惯了?

简:我在这儿很快活。

罗:你舍得离开这儿吗?

简:离开这儿?

罗:结婚以后我不住这儿了。

简:当然。阿黛尔可以上学,我可以另找个事儿。我要进去了!我冷!

罗:简!

简:让我走吧!

罗：等等！

简：让我走！

罗：简！

简：你为什么要跟我讲这些！她跟你与我无关。你以为我穷，不好看，就没有感情吗？我也会的，如果上帝赋予我财富和美貌，我一定要使你难于离开我，就像现在我难于离开你！上帝没有这样。我们的精神是同等的，就如同你跟我经过坟墓，将同样地站在上帝面前！

罗：简！

简：让我走吧！

罗：我爱你，我爱你！

简：不！别拿我取笑了！

罗：取笑？我要你！布兰奇有什么，我对她，不过是她父亲用以开垦土地的本钱。嫁给我，简！说你嫁我！

简：是真的？

罗：嗨，你呀！你的怀疑折磨着我！答应吧，答应吧？上帝饶恕我，别让任何人干扰我。她是我的，我的！

训练提示：简是一个心地纯洁、善于思考的女性。她生活在社会底层，受尽磨难，但她性格倔强，不屈不挠。她认为爱情应该建立在精神平等的基础上，而不应取决于社会地位、财富和外貌，只有男女双方彼此真正相爱，才能得到真正的幸福。在追求个人幸福时，简表现出异乎寻常的纯真、朴实的思想感情和一往无前的勇气。她并没有因为自己的仆人地位而放弃对幸福的追求，她对罗切斯特的财富不屑一顾，她之所以钟情于他，就是因为他能平等待人，把她视作朋友，与她坦诚相见。因此，在配音时，简的声音应该是理性的、坚定的。

罗切斯特内心善良正直，敢于追求幸福，经历了以金钱为基础的不幸婚姻，厌恶上层社会的冷酷虚伪,性格忧郁、桀骜不驯,叛逆却又粗暴。简的纯朴、善良和独立的个性,犹如一股清新的风,使他精神为之一振,重新唤起他对生活的追求和向往。简和罗切斯特之间的爱情是思想、才能、品质与精神上的完全默契。配音时,罗切斯特的声音外形是不羁的、忧郁的,但因为他对爱情的表达和追求是热切、真挚的,配音的声音又要充满张力,彰显内心巨大的情感力量。

三、电影《乔布斯》片段

内容简介:这部影片记录了乔布斯自 1971 年至 2000 年的重要生活片段。聚焦乔布斯最具激情与自我探索精神的年轻时代,展现他生命中最黑暗的日子,最辉煌的成功以及他的执着顽强,他渴望打破陈规的精神。

片段：回归①

吉　尔：史蒂夫。

乔布斯：吉尔。

马库拉：史蒂夫。

乔布斯：迈克。

回归

马库拉：很高兴见到你。

吉　尔：来，我带你参观一下。

马库拉：不，吉尔，不用担心，我带他逛一圈。

吉　尔：你确定？

马库拉：是，必须的，绝对没问题。来吧。

吉　尔：那就好。去吧，你们好好逛，我……我一会儿就去找你们。

马库拉：史蒂夫，有些事情必须和你说清楚。当初赶你走，不是我的决定。

---

① 根据全国公映的影片的中文配音整理，与二维码链接的影片的中文字幕出入较大。网络视频仅供参考。

乔布斯：别提那破事儿了，迈克。

马库拉：不，这事很重要，你知道的。当时我尽力了。我是挺你的，一直都是。我费了好长时间才把你弄回来。

乔布斯：不，我还没回来。

马库拉：你会回来的。我们拭目以待。

乔布斯：好了，我自己逛逛就好。我从这儿开始。

马库拉：真是贱人。

乔布斯：这是谁设计的？

乔纳森：是我，先生。

乔布斯：你是谁？

乔纳森：伊夫·乔纳森。我是工业设计主管。

乔布斯：你怎么还在这里？

程序师：现在是周一上午11点（上班时间）。

乔布斯：不。我问你为什么还待在苹果公司？我创立的苹果公司不是这样的。没品位,没格调,没设计。除非有什么让你驻足不前,你为什么要留在这样的地方?

乔纳森:先生,我想其实还有一群人始终相信苹果的理念,你所倡导的理念。

乔布斯:你觉得我倡导什么理念?

乔纳森:我觉得,我觉得你相信苹果的使命,是让电脑、随身听或者类似的设备,成为个人生活的自然延伸。正是这种使命,这种追求完美的品质,还有创新的点子和心灵感动的激情,就是我们留在这里的原因。也许我们还有机会东山再起。

乔布斯:好。甭管你现在在做什么,你们要把现在这些设计全都忘掉。我要每个人重新开始,设计出新的东西。我不在乎它是什么,是不是具有科技感,尽管去创造,做些更有用的东西,你真正在乎的东西。

乔纳森:史蒂夫。你回来了我们真的很高兴。

乔布斯:我还没真的回来呢。暂时还没。

训练提示:马库拉是乔布斯的伯乐,苹果公司在车库时代的投资人,但在乔布斯被驱逐出苹果公司的关键时刻背弃了乔布斯。马库拉真诚、老练,1997年乔布斯重回苹果公司,他既兴奋又忐忑,配音时要注意这种复杂心理情绪在语言上的表现。

乔纳森是苹果公司公认的能够继承和发扬乔布斯创意灵感的设计师,他年轻、睿智、充满创造力,与乔布斯的对话虽然谨慎却充满信心。

乔布斯在经历了游历印度、创立苹果公司、被逼离开、再创业失败之后,已经从不可一世的毛头小子成长为即将改变世界的苹果教主。他的真诚、固执、疯狂在表演中体现得淋漓尽致。配音时,要注意对他这种略带神经质的语言表达加以塑造,语气坚定,节奏平缓但内心汹涌澎湃。

四、电影《达·芬奇密码》片段

内容简介:哈佛大学的符号学专家罗伯特·兰登,在法国巴黎出差期间的一个午夜接到紧急电话,得知卢浮宫博物馆年迈的馆长被人杀害在卢浮宫博物馆里,人们在他的尸体旁边发现了一个怪异的密码。兰登与法国一位颇有天分的密码破译专家索菲·奈芙在对一大堆怪异的密码进行整理的过程当中,居然发现一连串的线索就隐藏在达·芬奇的艺术作品当中。这些线索大家都清楚,然而却被画家巧妙地隐藏起来。

兰登无意中非常震惊地发现,已故的博物馆馆长竟然是峋山隐修会的重要成员。峋山隐修会是一个真实存在的秘密组织,其成员包括牛顿、维克多·雨果与达·芬奇等多位历史名人。兰登的直觉告诉他,他和奈芙是在找寻一个石破天惊的历史秘密……

片段:夜访①

瑞恩:深夜来访必有要事,我这老瘸子能为你做什么?罗伯特。

夜访

兰登:我们想跟你谈谈峋山隐修会的事。

瑞恩:守护人?秘密战争?

兰登:对不起。有太多的谜团。瑞恩,我被卷进了一件我没法理解的事。

瑞恩:你?是吗?

---

① 根据全国公映的影片的中文配音整理,与二维码链接的影片的配音略有不同。网络视频仅供参考。

兰登：没你帮忙恐怕不行。

瑞恩：溜须拍马攻我软肋，你该感到害臊。

兰登：只要这招管用。

瑞恩：一共有四个人，一个大师，还有三个守护人。他们是圣杯的主要守护者。谢谢雷米，你先退下。隐修会的成员遍布世界各地。

兰登：菲利普·得谢尔瑞赛，1967年的文献被报料是造假。

瑞恩：隐修会就是要你这么认为。隐修会的任务只有一个，那就是保护现代历史中最伟大的秘密。

索菲：上帝在世上的权力源泉。

瑞恩：不，这是普遍的误解。隐修会保护的是教会在世上的权力源泉，就是圣杯。

索菲：这我不明白，什么权力？盘子？魔力杯子？

瑞恩：噢，罗伯特，你跟她说圣杯就是一只

杯子？《圣经》并不是从天堂传真过来的。正如我们知道的，《圣经》最终由一个人掌控，异教徒皇帝康斯坦丁。

索菲：我，我还以为康斯坦丁是基督徒。

瑞恩：噢，才不是呢，他一生都是异教徒，直到临终才接受洗礼。康斯坦丁是罗马的至高圣人。从远古时代起，他的人民敬拜的是一种平衡，这平衡介于大自然的男神和女神之间。众生和谐共存，然而罗马的宗教骚乱却愈演愈烈。在那三个世纪前，出了个犹太人，是个名叫耶稣的青年，宣扬大爱和唯一真神。耶稣受难几个世纪后，他的信徒力量不断壮大，并向异教徒发动了宗教战争。

兰登：或者说是异教徒向基督徒发动了战争。瑞恩，我们无法确认到底是谁挑起了暴行。

瑞恩:可至少都认定冲突发展到了要将罗马一分为二的程度。就算康斯坦丁一生都是一个异教徒,那他也是实用主义者。公元325年,康斯坦丁决定用一个宗教来统一罗马,那就是基督教。

兰登:那时候基督教风头正劲。他不希望他的帝国分裂。

瑞恩:为了巩固这新的基督教统治,康斯坦丁召开了一个著名的大会,也就是尼西亚会议。在大会上,基督教众多的宗派展开了辩论,进行了表决,内容涵盖接受或否决哪一部福音书,规定哪一天为复活节,以及圣礼的施行,当然还包括耶稣的神性。

索菲:啊,我不明白。

瑞恩:亲爱的,在那个历史时刻之前,耶稣被他的许多信徒视为一个伟大的先知,一个有着超群能力的凡人。是凡人,仅此而已,并不是一个神。

索菲: 不是上帝的儿子?

瑞恩: 哼,连他的曾孙侄子都算不上。

兰登: 康斯坦丁并不是创造了耶稣的神性,他只是批准了一个早已被人们广为接受的想法。

瑞恩: 抠字眼!

兰登: 不,不是抠字眼。你是按照主观结论来解释客观事实。

瑞恩: 事实是对许多基督徒未说,耶稣头天是人,可第二天就成了神了。

兰登: 有些基督徒认为是他的神性增强了。

瑞恩: 荒唐,是有个正式公告宣布他成为神。

兰登: 关于尼西亚会议一直有分歧……(被索菲的话打断)

索菲: 请听我说,请听我说。谁是神,谁是人,有多少人因为这个问题遭到杀害。

瑞恩:只要一说他是凡人,就会有人打着唯一真神的旗号开始杀戮。我让你们看看——圣杯。

训练提示:罗伯特·兰登是年逾四旬的美国学者,哈佛大学著名宗教符号学教授。被誉为"有思考能力的英雄"。汤姆·汉克斯出演的这个形象,成熟稳重,善于思考和推理。配音上适宜选用浑厚且富有磁性的声音。

索菲·奈芙是卢浮宫博物馆馆长、峋山隐修会大师雅克·索尼埃的孙女。她是法国政府的一位密码员。年幼时,父母因交通意外而去世,后由她的祖父抚养长大。最后证明她就是全篇密码的答案、耶稣的后裔、血脉的终点。她的声音年轻、正派,略带一丝高贵的气质,行事果断勇敢,但并不影响她的亲切温柔。要注意随着剧情的深入发展,受情绪影响后表达特点的变化。

瑞恩·提彬爵士是英国皇家史学家,皇家骑士,圣杯学者,也是罗伯特·兰登的朋友。他的真实身份就是贯穿整个故事的"导师"。他的声音苍老但有力,自信且高贵,同时也风趣幽默,有点"怪老头"的感觉。

这段配音难度较大,特别是瑞恩和兰登因为对尼西亚会议看法不同而争吵的部分,语速极快,情绪激动,充满挑战。

五、电影《假如爱有天意》片段

内容简介:《假如爱有天意》是由郭在容担任编剧及导演的韩国爱情电影,其创作灵感来自于韩国小说《阵雨》。影片讲述大学生智惠无意中找到母亲留下的日记,重温她的初恋。作为韩国纯爱电影的典型,电影描写了一段美好的恋情,虽然故事的结局算不上完美,但作为一段爱情,已经足够。

片段:重逢①

俊河:你一点都没有变,和从前一样漂亮。

梓希:我老了很多。你过得很艰苦,是吗?

重逢

俊河:也不是。泰守怎么样了?

梓希:我想他还好吧。

俊河:你为什么不结婚? 我已经,结婚了。

梓希:我听说了。

俊河:本来有好多话要对你说的,但是见到你都忘记了。那是个钢琴玩具,我们家里也有一个。我看着它的时候,就会想起你弹钢琴的样子。看起来还是过去的你,是么。以前我们是那么

---

① 根据全国公映的影片的中文配音整理,与二维码链接的影片的中文字幕略有不同。网络视频仅供参考。

天真，但是过去的已经过去了。我想我们的感情是最快乐的，一件小事我们也会为它哭，为它笑。

梓希：我现在看起来怎么样？

俊河：你看起来很好，是我喜欢的开心的样子。

梓希：我现在在哭，难道你看不到我流泪么？你为什么不告诉我你的事？

俊河：哦，已经很晚了，对不起，我还有个约会，我必须走了。对不起，要是我还能和以前一样该多好，我甚至昨天晚上还来过一次。

梓希：我差点被你骗了。我一直相信你做得很好。

俊河：还有，无论在战场上发生了什么，这条项链我一直替你保存着。

梓希：不要，这条项链是你的。

训练提示：这个片段是男主人公俊河

从战场归来,并与昔日恋人梓希见面。俊河为了不拖累梓希,隐瞒自己失明的事,但却被梓希发现,两人最终相拥而泣。俊河的配音从开始时的故作镇定和喜悦,到后来的慌张与激动,语言情感变化较大。梓希从默默流泪到泪如泉涌,全程伤感,配音时要注意哭泣时有声语言的特别变化。需要注意的是,通常人物配音时,为了保证语言情绪的饱满,配音演员并不一定要像演员那样真的流泪。

六、电影《走着瞧》片段

内容简介:《走着瞧》改编自天津作家王松的小说《双驴记》。20 世纪 70 年代,城市知青马杰来到西北某农村插队,被村里漂亮的种驴黑六的叫声吸引。马杰靠着小聪明导演了一出黑六重病不治却被他神奇治愈的大戏,从此赢得了大莲和队里的信任,成为牲口饲养员。后来,马杰对黑六只配种不干活的特殊待遇愈发不满,并对大莲"驴比人值钱"的论调暗自气愤,发泄中竟打坏了黑六的"命根子"。无法配种也不能干活的黑六被马杰宰杀,却没曾想黑六的弟弟,毛驴黑七,从此与马杰不共戴天,人与驴的斗争愈演愈烈。

片段:与驴对话

马杰:行,你行。你还真行。
我都有点佩服你了。
你做的这一切,每一件
事儿都出乎我的意料。

与驴对话

事后你还做得跟没事儿似的。
你的目的是什么啊?你的目的就是要
置我于死地而后快。对吗?嗯?嗯。
但是,但是每一次我都挺过来了。我
历经磨难,我依然站在你的面前。
看着我,看着我。

头一回,你弄倒牲口棚,幸亏我命大,我掉到井里,我逃过一劫。二一回,二一回你用大粪浇我,你让我恶心。你害得我一个月都不敢看绿色。可是现在呢,我不怕了。我粉碎了你的阴谋。三一回,三一回你让我和彩凤,在那样一种特殊的环境下当众出丑,你让全村人民耻笑我们,嗯?人彩凤是一姑娘啊。你有什么坏你冲我使啊。你干吗要捎带着她啊?你缺德不缺德?嗯?你这是在犯罪啊。树欲静而风不止。我知道,我知道你做这一切是为了你哥。在你哥这事儿之后,我本想息事宁人。可你呢,可你就是不肯放过我。为什么?我跟你哪来那么大仇啊。啊?我问你呢?你觉得是我要杀你哥对吗?嗯?我现在告诉你,我也是被逼的,是大莲让我杀你哥。我替你哥求过情,没用。你知道你哥临死之前我跟它说什么了吗?啊!我跟它说我用铡刀杀它,是为了让它死得痛快。多他妈仁义呀。你知道吗?你不知道,你哥知道。

我再说说你那哥。你那哥也不是什么好东西。成天骄奢淫逸无所作为冒充皇帝以配种为生。那姑娘换的,一年一拨,一年一拨啊。自己有多少儿子也都不知道。这就是你那哥什么东西!我原来以为你就是一头驴,可是后来我发现你不是一头驴,但是现在我一看,你丫还是一头驴。你把你那驴眼睁开看看,这些东西哪个不能要了你的驴命。啊?我告诉你,你在我头上撒尿、拉屎、拉稀我都认,但是你丫不能拉痢疾呀,这他妈

>   传染！一会儿你见了你哥，你跟它说说，你他妈让它评评理。

队长：住手！马杰，你要行凶啊？

马杰：没有啊。

队长：我跟你说，从今往后，饲养员的事情你就不要干了。

训练提示：马杰是一个城市知青，并不安分守己，爱耍小聪明。声音年轻、睿智，语气语调略显不羁。这段台词是他与毛驴黑七的对话，故作严肃认真甚至愤怒的同时充满幽默感，是难得的配音练习片段。

七、电视剧《我爱男闺蜜》片段

内容简介：《我爱男闺蜜》是一部都市情感剧。该剧讲述的是一个关于"闺蜜"友情的故事，剧中，由黄磊饰演的婚介所资深情感专家方骏，在帮助叶珊寻找对象的路上，像"闺蜜"一样陪伴其左右，最终两人走到了一起。同时黄磊的细心和体贴感染着身边的一群女性同胞。

第 22 集片段：表白

叶珊：你慢点喝。

方骏：喔喔。那个,那个。

叶珊：你……

方骏：你先说。

表白

叶珊：你不是有好多话跟我说吗？你先说吧。

方骏：那行。那我先说。那个,我今儿穿得像作报告的。

叶珊：挺精神的。

方骏：我还是脱了吧,有点热。哎,好多了。那个,那个。见着你就不知道该怎么说了。心里都准备了半天了,见你之前我还挺紧张。就跟那公交车最后一排座椅似的直哆嗦,我这,我这一直忙乎别人的事儿,怎么到自己这儿就,有点感觉就……

叶珊：什么？

方骏：有点穿越,也不是穿越,我就是觉得你看我这人,最近工作也没了,也没什么积蓄,然后说话油嘴滑舌的,我办事也经常不靠谱。但我觉得咱俩你看认识时间也不算长,但是也不算短。反正认识一段时间,然后我觉得就是那个,就是,也是,在最近这段时间有一个机会我可以……

叶珊：你到底想说什么啊？

方骏：我喜欢你。不,也,也不是。谈不上喜欢,就是。不是,不是不喜欢,就是那种……我经常跟我的客户说就是,如果一个人可以把你的世界照亮的话,那就说明你喜欢她。可如果有一个人愿意用尽所有的气力去照亮你的世界,那就,你知道我的意思,我意思就……

叶珊: 我也是。你听好了,方骏。从今以后无论发生什么事情,遇到什么困难,你都不是一个人了。有我来帮你,替你分担。以后你不用一个人扛着。

方骏: 这,这太碍事了这。对不起,我这,你说我这,迎风流泪了我。师父终于来了。

叶珊: 啊?

方骏: 啊?就是孙悟空给压在山底下,压五百年,这见着唐僧叫慎此的这个师父。师父,您终于来了。我现在特想干点什么。特想跑,特想翻跟头,腿还有点麻,我。我有点饿了。咱点菜吧,啊。点菜点菜。服,服务员。你要说什么,你说。服务员,我先点菜哈。服务员。

训练提示: 用剧中的话来说,方骏是个

"老北京胡同串子",热心肠,耍贫嘴,吃苦耐劳,富有责任感。他每时每刻都在传递着正能量,教会闺蜜们在面对人生低谷的时候不能垂头丧气,在面对挫折失败的时候要坦然面对,在遇到真爱之时要勇敢把握。

这个片段是方骏终于鼓起勇气向心中女神叶珊表白的一段戏,"三寸不烂之舌"遇到了复杂的心理情绪后也变成了"笨嘴拙舌"。因为与叶珊的条件悬殊,方骏的表白显得忐忑不安,当得到叶珊同意后更是情绪失控。配音时要注意他语言一贯的"贫"劲儿,又要考虑紧张情绪对声音的影响。

叶珊是女强人,自信、孤傲,与方骏虽亲密但并不爱恋,在得知方骏的生活经历后被其不屈不挠、乐观向上的品质深深打动。这段表白开始的同时,她的内心充满了对方骏的同情和钦佩。配音时不能把她塑造得对这场表白似乎没有任何预感,而应以尽量温暖的声音呈现内心的感动。

八、电视剧《离婚律师》片段

内容简介:《离婚律师》讲述离异后变身钻石王老五的大律师池海东与感情受挫的单身女律师罗鹂在法庭上是对手,生活中是邻居,两个原本不再相信爱情的离婚律师最终走进婚姻殿堂的故事。

第 25 集片段:话剧课

罗　鹂:老池,老池,放轻松,放轻松一点儿。放松才能投入。反正你有过结婚经验。

话剧课

老　师:开始,开始,开始。

罗　鹂:亲爱的,你准备好了吗?明天早上七点,准时来到我们家门口,你一定要准备好一个大大的红包。呵呵呵呵……这样的话,我那几个伴娘朋友才会让你进门哦。接词。

池海东:你先跟我说说潘小刚跟你怎么回事。

罗　鹏:现在扯潘小刚干吗?

池海东:怎么不能扯潘小刚?这个老师刚才不是说,这个小品名字叫这个新婚前夜,对吧?我作为一个马上要结婚的丈夫,问一个,这个,马上要跟我结婚的未婚妻,那个男人到底跟你什么关系,有,有什么不对?

老　师:对啊,对着呢。这位男同学设计的这个规定情境,非常好。你们就这么继续往下发展。这一点问题也没有,来来来,接着来,接着来。

池海东:咱俩马上就要结婚了,你给我交代清楚,你跟潘小刚到底怎么回事!

罗　鹏:就一普通朋友。

池海东:普通朋友?我眼睁睁看着他开车送你,对吧。你们俩还有说有笑的,怎么回事?

罗　鹏:你能不无理取闹吗?

池海东:我怎么是无理取闹了。哎,咱们马上就要结婚了,对吧?我总得知道这个,这个男人跟你到底什么关系吧?

罗　鹏:我跟你说过了呀,就是一普通朋友。

池海东:普通朋友!我跟你说了多少回了啊。别把感情和工作混为一谈。潘小刚是我的助理。他把我公司的机密出卖给你,就凭这一条,我够开除他一万次。你作为即将嫁给我的爱人,你难道对我连句实话都没有吗?

罗　鹏:就是因为要公私分明,所以才不应

该谈论这件事情。咱俩虽然是爱人，但也是竞争对手。所谓兵不厌诈，你懂了吧？

池海东：你看你认了吧？

罗　鹏：我认什么了？

池海东：你承认潘小刚把机密卖给你。

罗　鹏：我说过了吗？你要是在结婚前老扯这些没用的，我看这婚就不必结了吧。

池海东：如果婚姻是以谎言开始的话，这场婚姻注定就是一场悲剧，咱俩谁都没好果子吃。这婚啊，不结也罢。

罗　鹏：那就离婚好了。

池海东：我怕你啊，我是离婚律师。

罗　鹏：呵呵。等你啊。

训练提示：这个片段是池海东陪罗鹏上话剧班，由于罗鹏搭档未到，她被迫与池海东合作表演的片段。起初罗鹏的语言属于想象中话剧台词的状态,语言"假",状态"嗲",脱离生活,矫揉造作,为这段戏打造了幽默滑稽的开头。池海东语言自然、随性,在经过了短暂适应后,进入状态。二人斗智斗勇,互不相让,语言节奏逐渐加快,气氛也越来越热烈。这是段难得的规定情境表演练习片段,练习中不必模仿原剧演员的表演,可以自由发挥。

九、电视剧《甄嬛传》片段

内容简介:《甄嬛传》是一部宫斗剧,改编自流潋紫所著的同名小说。该剧讲述的是甄嬛从一个不谙世事的单纯少女成长为一个善于谋权的深宫妇人的故事。剧中,由蔡少芬饰演的皇后是一个佛口蛇心的女人,表面一副皇后该有的雍容端庄,为人处世也最是温和,其实在暗中做尽了戕害嫔妃、折损龙裔之事。造化弄人,步步算计的她最终也走入了别人的算计之中。由孙俪饰演的甄嬛最后将自己腹中胎儿早夭之过嫁祸于皇后,以此将其扳倒。然而没有想到的是,此次皇后的失势仅仅是一个开端,背后还牵出了一个更大的秘密——皇帝毕生最爱之人纯元皇后,早年小产而死也是皇后所为。下面这个片段,是皇帝知情后对皇后亲自审讯的一段对白。

第 72 集片段:审问

皇上:已经到了这地步,你可认罪吗?

皇后:皇上既然已经相信,何必再来问臣妾呢?

审问

皇上:若非等你亲口认罪,你以为朕还愿意再见到你这张脸?

皇后:臣妾已经年老色衰了,皇上自然会嫌恶。臣妾只是想,若姐姐还在,皇上是否还真心喜爱她逐渐老去的容颜? 臣妾真是后悔啊,应该让皇上见到姐姐如今与臣妾一样衰败的容貌,皇上或许就不会这么恨臣妾了。

皇上: 心慈则貌美,纯元纵然年华老去,也一定会胜过你万千。

皇后: 这对玉镯还是臣妾入府的时候,皇上亲自为臣妾戴上的,愿如此环,朝夕相见,可如今皇上以为臣妾犯错,大约不愿意再见臣妾了吧?当年,皇上同样执着此环,同臣妾说,若生下皇子,福晋便是臣妾的,可臣妾生下皇子时,皇上已经娶了姐姐为福晋,连臣妾的孩子,也要被迫成为庶子,和臣妾一样,永远摆脱不了庶出的身份。

皇上: 你知道朕并不在意嫡庶,皇额娘也不在意,皇额娘是庶出,朕也是庶出。

皇后: 皇上你可曾知道,庶出的女子有多痛苦啊,嫡庶尊卑分明,臣妾与臣妾的额娘很少受到重视,你何曾明白啊!

皇上:朕明白,正因为朕明白,所以才在你入府以后厚待于你,即便朕立了纯元为唯一的福晋,你也是仅次于她的侧福晋,可是你永不知足。

皇后:本该属于臣妾的福晋之位,被他人一朝夺去,本该属于臣妾儿子的太子之位,也要另属他人,臣妾夫君所有的宠爱都给了她。臣妾很想知足,可是臣妾做不到啊。

皇上:纯元是你的亲姐姐,要你入府,是朕错了。

皇后:皇上错在不是迎臣妾入府,是不该迎姐姐入府,专宠姐姐。既生瑜,何生亮啊!皇上何等睿智,怎么到了自己身上,就这样不明白?

皇上:是朕太看重你们的姐妹之情了,你就不怕报应,午夜梦回的时候,你就不怕纯元和孩子来向你追魂索命?

皇后: 她要来索命尽管来索啊! 免得臣妾长夜漫漫,总梦见我的孩子向我啼哭不已。孩子夭亡的时候,姐姐有了身孕,皇上你只顾着姐姐有孕之喜,何曾还记得臣妾与你的孩子啊! 他还不满三岁,高烧烧得浑身滚烫,不治而死啊! 臣妾抱着他的尸身,在雨中走了一晚上,想走到阎罗殿求满殿神佛,要索命就索我的命,别索我儿子的命啊! 而姐姐这时竟然有了孩子,不是她的儿子索了我儿子的命吗,我怎能容忍她的儿子坐上太子之位呢?

皇上: 你疯了,是朕执意要娶纯元,是朕执意要立她为福晋,是朕与她有了孩子,你为什么不恨朕?

皇后: 皇上以为臣妾不想吗? 臣妾多想恨

你啊!可是臣妾做不到,臣妾做不到啊!皇上的眼中只有姐姐,皇上你可曾知道,臣妾对你的爱意,不比你对姐姐的少啊!皇上,你以为姐姐爱你很多吗?你以为熹贵妃真的爱你吗?哼!凡是深爱丈夫的女子,有谁愿意看着自己深爱的丈夫,与别的女人恩爱生子啊!臣妾做不到!臣妾做不到啊!皇上虽然以为臣妾悍妒,可是臣妾是真真正正深爱着皇上,所以臣妾才会如此啊!

皇上:佛口蛇心,你真是让朕恶心!

训练提示:剧中的皇后始终保持着母仪天下、雍容华贵、贤良淑德的中宫典范形象,实则心如蛇蝎,蕴锋刃于无形。这里讲述的是她在被甄嬛扳倒致所有罪行暴露之后,皇帝对她的审讯,也是她在全剧之中唯一一次原原本本地将自己内心深处的爱恨情仇全盘托出的一个片段。片段中,对于皇后这个角色的语言处理要注意情绪的层次变化。起初认罪时是失落无奈的,中间回忆和讲述往事的时候,情绪相对平缓稍有波动起伏,最后在皇帝对她一遍又一遍的质问之下终于爆发,近乎歇斯底里地痛诉自己心中对皇帝的爱意和对争宠者的愤恨。配音的时候还要注意皇后的语言中也蕴含着对皇帝的敬畏。

剧中的皇帝,是一个多疑多思且杀伐决断的人,后宫事宜中只要涉及朝政往往睁一只眼闭一只眼,唯独介怀关于纯元皇后的事。剧中陈建斌塑造的皇帝声音形象慵懒、低沉,语言停顿较多。配音时不要刻意模仿原声,注意语气中带有的威严和震慑力。

十、电视剧《天龙八部》片段

内容简介:电视剧《天龙八部》是改编

自金庸同名小说的古装武侠剧。故事讲述了面对乱世,乔峰、虚竹、段誉三人非同寻常的江湖生涯。以下片段选自由胡军饰演乔峰的版本。

这个片段是乔峰与阿朱在患难之时相互扶助、渐生情愫的一幕。

第13集片段:讲故事

乔峰:阿朱,吃点东西吧,要不然你就更没有体力了。

阿朱:谢谢乔大哥。乔大哥,我的伤是不是治不好了?

讲故事

乔峰:你别胡说了,我会想办法的。别胡思乱想了。我要给你找最好的医生、最好的药,只要你听我的话,好好休息,过一阵子会慢慢好的。

乔峰:哎……哎……阿朱阿朱。

阿朱:乔大哥,我不想死,你救救我,我不想死。

乔峰：你放心，我一定会想办法的，我不会让你这么死的。

阿朱：乔大哥。

乔峰：阿朱你觉得怎么样了？

阿朱：好多了。乔大哥，你今晚能不能别走，留在这里陪我。

乔峰：你这个傻丫头，就算你不提这个我也不会走的，那样我会放心不下的。

阿朱：乔大哥，我睡不着。

乔峰：睡不着你就慢慢睡吧。

阿朱：乔大哥，给我唱支曲子好不好？

乔峰：啊？呵呵……我一个大男人怎么会唱曲儿呢，这不是为难我吗。

阿朱：那，那你就给我讲个故事，讲故事你总会吧？

乔峰：讲故事？我怕我讲的故事你不爱听啊。

阿朱：不会的。乔大哥讲的故事一定好听。

乔峰：呵呵。那我就讲了。从前有个老公公，他在下山的路上碰到一只狼。那狼被人装在布袋里，狼就求那位老公公把它放出来。后来老公公把狼放出来以后，那狼却说……

阿朱：那狼说它肚子饿了要吃了老公公，是不是？

乔峰：呵呵。你听过。

阿朱：这是中山狼的故事。乔大哥，我不喜欢听书上的故事，我想听你讲你自己编的故事。

乔峰：从前有一个乡下孩子，他家里很穷。那年他爹得了重病，那孩子的娘卖了家里仅剩的六只老母鸡和一篮子鸡蛋，才换回来四文银子。娘带着这孩子到了镇上，去请一位郎中，可是那个郎中嫌钱太少不愿意出来看病。娘跪在地上苦苦地哀求，一不小心扯破了那个郎中的衣服,那个郎中一脚把娘踹倒在地上,还要这对可怜的母子赔他的衣服钱。孩子冲了上去想要打那个郎中,可反被那个郎中推倒在门框上,碰得头破血流。

阿朱:那郎中真狠。

乔峰:后来他们回到了家里,银子不见了,娘就怪这个孩子偷了,结果浑身搜了个遍还是没有。娘急得哭了。

阿朱:啊。

乔峰:那个孩子心里忍着一口气。当天晚上,他到肉铺偷了一把杀猪刀,悄悄地摸到镇上,找到了那个郎中,一刀把他给宰了。

阿朱:啊? 那后来孩子爹爹的病好了吗?

乔峰:一个少林寺的和尚,看这一家人实在是太可怜了,送来了一些良药,才治好了爹的病。

阿朱：谢天谢地，菩萨保佑。

乔峰：我的故事讲完了，是不是很没意思？

阿朱：不是，乔大哥，我很喜欢这个故事。只是觉得那个小孩未免太狠了，小小年纪就那么无情，动不动就杀人，简直像契丹人一样。

乔峰：啊？你说什么？

阿朱：对不起，乔大哥，我就是随口一说，你千万别往心里去。

乔峰：不错，那孩子原先无情无义，说不定真是强盗匪徒的孩子。

阿朱：乔大哥，那个小孩就是你自己吧？

乔峰：凭着你的聪明，你一定早猜出来了。

阿朱：其实你杀了那个郎中也是应该的，他人那么坏。

乔峰：其实我也不光是因为那个郎中可恶，更主要的我是受了委屈。有气没地方出，我真的没拿那四文银子。我平生最痛恨的就是别人冤枉我。

阿朱：我知道乔大哥现在被丐帮和中原武林的朋友们冤枉，说你是契丹人，你心里一定很痛苦。

乔峰：我对我的身世也是越弄越糊涂了。回想起来，我父母好像从来都没有责骂过我，无论大事小事对我都很客气。当时还不觉得，现在一回想起来确实是有点奇怪。有可能我真的是契丹人。

阿朱：不会的，乔大哥你这么好的人，一些不会的。

乔峰：阿朱，如果我真的是契丹人，你还会觉得我是个好人吗？还愿意和我在一起，让我这么照顾你吗？

阿朱：如果乔大哥这么好的人也是契丹人的话，那大家就不会那么痛恨契丹人。

训练提示：胡军版的乔峰拥有魁梧高大的身材，棱角分明、英气逼人的形象，充满侠气。当他看到自己心爱的阿朱受伤时，侠骨柔肠的一面淋漓尽致地展现出来。原剧中胡军的声音浑厚、低沉，气质粗犷、豪放，但他对乔峰的塑造略显"匹夫之勇"，柔情的场面中语言也显得有些生硬。配音练习时可以适当增加语言情感，以使人物形象更加丰满。

阿朱出身奴婢，但不卑不亢，温婉善良且聪慧伶俐。身负重伤时仍然乐观、阳光。配音时要突显她的这种性格特质，也要注意到她对乔峰的崇拜仰慕之情。

十一、电视剧《玉观音》片段

内容简介：这是一部表现一位刚走出警校大门、涉世不深的女缉毒警察的工作、生活、内心世界与人生经历的电视剧。安心是云南边陲小镇南德的一名缉毒女警，就在与男友张铁军即将结婚时,遇见帅气阳光的毛杰并与之坠入爱河。不过在无意间发现毛杰是毒贩后,安心回归理智与毛杰分手,并和队友一举歼灭了以毛杰父母为首的贩毒集团。随后,毛杰对她展开疯狂的报复。虽然她隐姓埋名来到北京,结识了杨瑞,但毛杰始终如阴魂般不离她半步。以下片段选自孙俪饰演安心的版本。

第 6 集片段:拒绝

安心(内心独白):我想,也许他生气了,也就不再理我了,不再找我了。也许时间长了,他会渐渐忘掉我的。

拒绝

毛杰:安心,你跟我走,我有钱,我可以养你一辈子。你把工作辞了,我们可以离开这个地方的,啊?

安心:毛杰,我不想辞职。我和你不一样,我是把事业放在第一位的。如要不是为了事业,我也不会到南德这个小城市来。

毛杰: 我还以为你在乎我!

安心: 毛杰,你冷静一点,我们都是大人了,我们应该理智地处理好我们的关系。其实,我们的关系很简单,我们就是朋友,是刚刚相识不久的朋友,我们彼此有好感。

毛杰: 而且彼此拥有——

安心: 不!

毛杰: 我已经把我的心给了你,你应该把你的给我啊!

安心: 不,毛杰,我们只是普通朋友。我们彼此交换友谊,除了这个,我不能再给你别的什么了! 你要的东西我没法给你。

毛杰: 你已经给了啊!

安心：毛杰,关于这件事情,我不想再说什么了,我不想说出伤害你的话。

毛杰：我喜欢你,我真的喜欢你!你给我个机会吧,我求你,你给我机会吧!我告诉你,你可别想这样就甩掉我!

安心：毛杰,我们确实相处得很快乐,你给过我快乐,给过我温暖,你是我的好朋友。可,可你搞错了,我没有向你承诺过什么!你有你的生活,我有我的生活,我希望我们都能尊重对方的生活。

毛杰：你别再说了!我还以为,我还以为你在乎我!

训练提示：安心是缉毒女警,年轻漂亮,坚强刚毅。亲与仇、情与法之间的痛苦纠缠使她饱受折磨。这段戏中她虽表面平静冷漠,但内心情绪复杂,配音语言上吞吞吐吐,欲言又止,话虽不多但富有张力。

毛杰,长相英俊,性格暴躁,易冲动,报复心极强。整部剧中他的戏很多都是以温柔出现开场又以愤怒离去结束。配音难度集中在这种情绪化性格的语言表现上。

十二、电视剧《来自星星的你》片段

内容简介:《来自星星的你》是韩国SBS电视台2013年播出的水木特别企划剧。讲述从外星来到朝鲜时代的神秘男人都敏俊,和女演员千颂伊坠入爱河的同时,不同星球的两人消除彼此之间的误解,克服危险追寻真爱的浪漫爱情故事。

第1集片段:上头条[①]

安代表:我千叮咛万嘱咐让她别碰推特之类,你干什么去了,臭小子! 应该

---

① 该文稿与二维码链接的电视剧的中文字幕略有不同。网络视频仅供参考。

阻止她才对!

经纪人：她要听我的话才行啊,我也很头痛。

上头条

安代表：报道撤了没?

工作人员：虽然快撤了,但实时搜索词第一位已经是摩卡文益渐了。第二位是文益渐千颂伊。

安代表：真不知是有多蠢! 竟然分不清摩卡和棉花,文益渐老师恐怕做梦都没有想到会这样登上实时搜索头名,对吧。这可真是无知引发的血案啊。简直要疯了!

千颂伊：干吗对一个刚拍完戏的人呼来喝去的,怪累人的。

安代表：累了么? 哇,你这个劳累的人,皮肤为何如此之好啊! 这简直可以直接去拍化妆品广告了,你们说呢?

千颂伊：到底什么事？我得赶紧回去睡觉。
安代表：好好好，我这就说。嗯，摩卡种子事件，你听到了吧？
千颂伊：那是值得成为话题的事情吗？
安代表：就是说啊！最近网民就这样，他们以为自己无所不知吗？我也是昨天才知道的，那个是棉花，不是摩卡。
千颂伊：对吧。
安代表：当然当然！就是因为嫉妒，鸡蛋里挑骨头。
千颂伊：明白，人心就是如此。
安代表：是啊是啊，所以干脆别跟他们一般见识。那个SNS还是什么的，从今天开始干脆就别上了。
千颂伊：不要。
安代表：为什么？为什么不要呢？
千颂伊：我连那个都不玩的话，还能跟谁说

话呀?

安代表:跟我说呀,跟我。

千颂伊:那更不要了。

安代表:千颂伊,你这丫头,别以为……

千颂伊:啊,对了,JK 朴代表一直联系我呢。

安代表:振国? 他怎么了?

千颂伊:不知道啊。他问我会不会与安代表续约,他说他们这次拿到了日本的投资,钱非常多,问我想不想过去。听说你们从当经纪人的时候开始就是好朋友呢,这样也行吗?

安代表:朴振国,你这小子!

千颂伊:我可以走了么?

安代表:当然! 当然! 你也很累了,该走了。搬家都给你弄好了,你一定会满意的。喂! 你还不快送姐姐回家!

训练提示:当红艺人千颂伊在社交网

络 SNS 上将摩卡和棉花弄混,网上恶评如潮。本片段讲的是经纪公司的安代表对千颂伊一直惹麻烦感到头疼,但由于对方是一线当红女明星,也只能压住怒火,好言相劝。安代表这种角色在韩剧中常常出现,通常表演夸张,情绪转变迅速,有突出的特点,在片中起调剂作用。配音时要注意通过语言辅助角色浮夸的演技,突显幽默效果。

第 11 集片段:发酒疯

千颂伊:哦,去上学吗?

千允才:得去啊,高三得学习啊。

千颂伊:太阳打西边出来了,居然你嘴里会冒出"学习"两个字。

千允才:看了你昨天那样,我觉得还是得学习才行。必须好好学习,不能随便混日子了。

千颂伊:我怎么了? 喂,臭小子,我怎么了!

(痛苦地边唱边说)

像中枪一样…如此的伤痛……像中枪一样……都经纪人……

(给都敏俊打电话)

为什么!为什么不接!我让你买你才买的手机,为什么不接!为什么!你以为我不会再打了是吧,我会一直打到你接为止!都敏俊!啊……

(给都敏俊短信)

喂,你这个混球!明心宝鉴里有这么写吗?……你这个丙子年挨千刀的家伙……给我通宵去番峙坡上坐着吧……你能不能再考虑考虑,我会好好表现的,难道是因为上次我打了瓷器吗?我不是说会赔你的嘛……一起去利川吧……

(都敏俊门口)

都敏俊：干吗?

千颂伊：皮鞋,你偷走的我的皮鞋。你不是喜欢过的吗? 喜欢到都给偷走了。这个你拿着吧,这个装满了我们的回忆啊。

训练提示：千颂伊向都敏俊表白之后遭到拒绝,难过不已,在家大醉了一场。酒后的她打了19个电话给都敏俊,还在都敏俊家门口大吵大闹,希望都敏俊能够接受自己。第二天酒醒的千颂伊想起自己昨晚的行为,后悔不已。和以往韩剧中女主角多以美丽单纯善良柔弱的形象不同,千颂伊敢爱敢恨真实可爱,正是由于把这样的性格淋漓尽致地表现出来,千颂伊和扮演者全智贤都收获了巨大的成功。这段配音练习情感情绪、语言节奏变化幅度都很大,声音的变形较多,需要全身心投入到角色中去,排除干扰和杂念,与角色融为一体。

第二章 动画片配音

第一节 理论概要

动画片配音也是影视配音艺术创作的组成部分。我们在这里把这一艺术创作与影视剧配音分开讲述,是因为二者的创作特性、创作过程、创作顺序不尽相同。与真人出演的影视剧不同,动画片配音塑造的角色都是卡通形象,很多形象配音之前是没有具体声音参照的,甚至有些卡通形象是依据配音演员的表演而设计的。

一、动画片配音的定义

动画片配音是指在动画作品中,由配

音演员遵照动画故事提供的一切依据,以有声语言为表现手段,为片中的卡通形象进行整体塑造,尤其是语言塑造的艺术创作活动。

部分动画片创作之初只有故事剧本,配音演员根据故事和创作者的描述理解、想象卡通人物,然后进行语言创作,甚至是肢体动作创作。美术创作人员再根据配音演员的表演(主要是声音表演)设计卡通形象。

二、动画片配音的创作技巧

1. 找准依据,设计形象

对于原创动画片,要根据故事剧本,理解并设想角色形象、角色声音、角色语言表达特征,甚至是角色动作特征。

2. 抓住特征,进入角色

对于已有卡通形象,或者是已有外语

配音的动画片,抓住特征、进入角色就是动画片配音创作的核心。配音演员需要进入卡通形象的内心世界,掌握内心情感的主动认同和幻化形象的内部技巧,抓住卡通形象的性格特征、行为特征和生理特征。

3. 把握节奏,制造气氛

和影视剧配音一样,动画片配音需要贴合卡通形象口形的长短、开合、松紧。只不过卡通形象不是真实的人,口形变化相对简单。同时,配音中需要贴合卡通形象的动作和心理活动,以图准确把握语言节奏。

另外,通常情况下,影视剧在配音前都有同期声,包括演员的台词和现场环境音。动画片由计算机制作生成,所有声音都是后期添加。这就要求配音演员在配音时不能只说台词,还要设计气氛声音,也就是各种没有实际台词的动作、状态等的非语言声音(比如抽泣、咳嗽、喘气、咂嘴等)。从表演的角度看,动画片配音的创造性更强。

第二节 训练材料及训练提示

一、动画片《海底总动员》片段

内容简介:一对可爱的小丑鱼父子马林和尼莫一直在澳洲外海大堡礁中过着安定而幸福的生活。鱼爸爸马林谨小慎微,行事缩手缩脚,虽然已经身为人父,却是远近闻名的胆小鬼。也正因为这一点,儿子尼莫常常与他发生争执,甚至有那么一点瞧不起自己的父亲。直到有一天,一直向往到海洋中冒险的尼莫,游出了他们所居住的珊瑚礁。正当尼莫想要舒展一下小尾巴的时候,一个潜水员毫不留情地将欢天喜地的尼莫捕走,并将它辗转卖到澳洲悉尼湾内的一家牙医诊所。为了救回自己的儿子,马林克服自己怯懦的性格,与路上遇到的蓝唐王鱼多莉一起,在众多朋友的帮助下,历经磨难与危机,最终与儿子团聚。

片段:遭遇鲨鱼

布鲁斯:我是布鲁斯。好吧,我理解,不能相信鲨鱼,是不是啊?哈哈……那么,这么晚了你们在外面瞎转悠什么呢?

遭遇鲨鱼

马　林:没有,我们没有瞎转悠,也没有在外面。

布鲁斯:那好,跟我去参加一个小小的集会,你们觉得怎么样啊?

多　莉:你是说聚会吧?

布鲁斯:对对对!是聚会。肯不肯赏光啊?

多　莉:噢,我喜欢聚会,有点意思。

马　林:聚会是不错,而且也很诱人,我倒是想去,可是……

布鲁斯:别这样,一定要去!

马　林:噢,好吧,既然这么重要,我就……

多　莉:哦,气球,你瞧,气球,真是聚会!

布鲁斯:哈哈,请不要靠近,那可不是闹着玩的。要是弄响了麻烦可就大了!

马　林:哦!

布鲁斯:安安、阿沈。

安　安:你终于来了,布鲁斯。

布鲁斯:我们有客人了。

安　安:来得正好,伙计。

阿　沈:我们吃光了所有饼干,可肚子还是饿得慌。

安　安:真想好好大吃一顿。

阿　沈:行了,还是先办正事吧。

布鲁斯:好吧,会议的程序准备就绪,我们首先来宣示!

三条鲨鱼合:我是一条好鲨鱼,不是食鱼狂,如果我不遵守诺言,日后便受天打五雷轰。鱼类是朋友,不是食物。

安　安:除了,海豚。

阿　沈:海豚?没错!他们自以为了不起,哦,看哪,我是跳水健将,请大家欣赏,我有本事吧!

布鲁斯:静一下,今天开始第五阶段,和鱼类交朋友,你们找到朋友了吗?

安　安:我找到了。

多　莉:你们好。

布鲁斯:你怎么样,阿沈?

阿　沈:我我我我……好像把朋友放错地方了,没了。

布鲁斯:没关系,阿沈,和鱼类交朋友的确不易,我先借你一个。

阿　沈:哦,多谢,伙计,你先做我的朋友吧!

布鲁斯:我先啰唆两句,大家好,我是布鲁斯。

众　合:你好,布鲁斯。

布鲁斯:我最后吃鱼是三周前的事,我发誓,说假话割我的鱼翅做粥。

阿　沈:你给了我们莫大的鼓舞!

安　安:阿门!

布鲁斯:好吧,该谁了?

多　莉:让我说,我说,我说。

布鲁斯:好的,前排那位女士,(多莉:噢噢噢)上来讲。

多　莉:嗨,我是多莉!

众　合:你好,多莉。

多　莉:我好像,我好像从来都没吃过鱼。

安安、阿沈:真难以置信。

布鲁斯:有你的,伙计。

多　莉:我真高兴去掉一块心病。

布鲁斯:好吧,还有谁?喂,你怎么样?伙计,你有什么问题?

马　林:我?我没有什么问题。

三条鲨鱼:哦,那好,不可能。

布鲁斯:先做个自我介绍。

马　林：噢,好吧,大家好,我的名字叫马林,我是一只小丑鱼。

阿　沈：小丑鱼,真的?

布鲁斯：那你就讲个笑话吧。

阿　沈：我喜欢笑话。

马　林：我还真有一个笑话,非常好听,有个软体动物,他走着去找海参,一般说他们不会说话,可是在笑话里谁都会说,于是软体动物对海参说……

尼　莫：老爸……

马　林：尼莫。

阿　沈：尼莫,哈哈哈哈哈,好玩,什么意思?

布鲁斯：这小丑鱼不怎么可乐。

马　林：不不不,他是我的儿子。他被一个潜水员给带走了!

多　莉：哦,天哪,可怜的鱼!

阿　沈：人类自以为由他们主宰一切。

安　安：估计是美国人!

布鲁斯：请看这位慈祥的父亲,他在寻找自己的孩子。

马　林：啊! 这些符号什么意思?

布鲁斯：我从来没有见过我的爸爸。

安安、阿沈：来大家拥抱一下,我们都是兄弟。

马　林：我看不懂这些字。

多　莉：那就找个懂的鱼帮你。嗨,你看,<u>鲨鱼</u>。

马　林：不,多莉。

多　莉：嗨,伙计们。

马　林：多莉多莉,别闹了。

多　莉：这是我的还给我。嗨哟嗨哟!

马　林：对不起,你没事吧!

多　莉：疼死我了,流血了吧。

布鲁斯：多莉,你没事吧?

噢噢噢噢！味道好极了。

安安、阿沈：马上干预！

布鲁斯：就吃一小口。

安　安：不能前功尽弃,伙计。

阿　沈：别忘了,布鲁斯,鱼类是朋友,不是食物。

布鲁斯：是美食！

鲨　鱼：当心！

布鲁斯：晚餐我要吃鱼！

训练提示：动画片配音时不仅要注意人物的性格,还要注意人物的声音造型。小丑鱼马林谨小慎微,行事缩手缩脚,配音时用声虚实结合,语速较快,吐字略显急促。蓝唐王鱼多莉,热心助人,但患有严重的健忘症,常常搞得马林哭笑不得,有时显得没心没肺。以布鲁斯为首的几条大鲨鱼本性凶残,但又努力学着跟鱼类交朋友,声音厚实粗犷又要显得"四肢发达头脑简单",口形开合幅度较大,吐字拉开明显。

二、动画片《名侦探柯南:通往天国的倒计时》片段

内容简介:《名侦探柯南:通往天国的倒计时》是日本漫画家青山刚昌漫画系列名侦探柯南的第 5 部剧场版。该片讲述了侦探江户川柯南与他的伙伴们破获双塔摩天大楼中的杀人案的故事。

片段:指出凶手

宫野志保(以下简称"宫野"):有人在那里。

柯南: 是杀死大木先生和美绪小姐的凶手。

指出凶手

宫野: 啊!!

柯南: 因为某个动机而决定杀死美绪小姐,

所以送她那条珍珠项链,并且叫美绪小姐戴上那条项链,在开幕典礼致辞的时候介绍他送的画。

宫野: 那么凶手就是……

柯南: 没错,美绪小姐的日本画老师——如月峰水先生。

如月峰水: 你就是……

柯南: 我叫江户川柯南,我是侦探。

如月峰水: 嗯?

柯南: 如月先生送给美绪小姐的珍珠项链,故意弄得很容易散掉对吧?然后如月先生你同时又准备了另外一条项链。在宴会上,你把那条项链拿出来,从富士山的匾额顺着布幕的折痕向下垂吊,并且钩住带有钩子的钢琴线,然后再沿着脚边的灯朝美绪小姐走过去,把项链弄散。接着你再对慌张的美绪小姐说"没关系我来帮你弄好"。把另外一条项链戴在她脖子上,那条被钢琴线钩住的项链。也就是说……

宫野:美绪小姐并不是项链被钩子钩到,而是从一开始就带上被钩到的项链,所以她才没有发现。

柯南:我所捡到的这颗珍珠,就是被如月先生弄散的原来的那条。舞台上的小酒杯就是为了把这件事伪装成连续杀人事件而故意放的。

宫野:等一下。可是原先生被杀时他有不在场的证明啊。

柯南:就算有也不奇怪,因为杀原先生的凶手另有其人。

宫野:啊!!

训练提示:柯南,真实身份是高中生侦探工藤新一,17岁时因服下毒药身体缩小为一年级小学生的模样。他成熟稳重,坚强执着,自信勇敢,睿智善良,有极强的判断力和很强的正义感、责任感。这些特质都需要在配音中呈现出来。原片中文配音是台湾配音员,语调略带台湾腔,我们在练习时不必刻意模仿,力争突破先入为主的限定,塑造自己心中柯南的声音形象。宫野志保,黑衣组织科学家,同柯南一样,因服毒身体缩小。她博学多才,异常冷静,配音时不能只顾塑造小女孩的声音而忽视她思维活跃、思考缜密的特点。

三、动画片《哆啦Ａ梦:恐龙猎人》片段

内容简介:《哆啦Ａ梦》是日本漫画家藤子·F.不二雄笔下最著名的漫画作品之一,分为漫画版、动画短片、中篇、剧场版、外传几种类型。主要讲述一只来自22世纪的猫型机器人——哆啦Ａ梦,受原本主人野比世修的托付,回到20世纪,帮助世

修的高祖父野比大雄的故事。

片段:遭遇恐龙①

大　雄:我回来了,啦啦～哇。这……这是什么?这是什么东西?那绝对不是在做梦,我知道我很清醒。奇怪,跑到哪里去了?刚才还在这儿的,怎么一下子就不见了?

小叮当:好好玩哦,耶!

大　雄:小叮当,你晓不晓得刚才有一只好大好大的恐龙哦,你有没有看到?

小叮当:你看到了,事实上,不瞒你说,我刚才去猎捕恐龙了。

大　雄:猎捕恐龙?!

---

① 根据播出版本整理,与二维码链接的视频的台词有所不同。网络视频仅供参考。

小叮当：那是一种在未来非常盛行的运动啊，什么大惊小怪的嘛。

大　雄：刚才那种也是吗？

小叮当：对呀，是要把它从一亿年前带回去的途中先在这里歇一会儿嘛，带回去的恐龙啊就当作是我的宠物啦。

大　雄：嘿，听起来好像很刺激的样子哎。好，那我也要跟你一起去。

小叮当：等一下。

大　雄：干什么啦？你，小叮当，你很讨厌哦。

小叮当：这是危险得不得了的运动唉，必须要有强壮的身体跟精神，天不怕地不怕的勇气才行。我是没有问题了，可是，如果换成你，你可以吗？你想想看哦。

大　雄：这这这个嘛……老鼠！

小叮当：啊，我怕老鼠啊，我怕，我怕……

大　雄：骗你的啦,小叮当。强健的身体还有精神嘛,还有这个不怕死的勇气,这个嘛。

小叮当：我输给你了,带你去不就好了嘛,但是要有事前的准备哦。

大　雄：哈哈哈哈……

小叮当：好了,你现在去拿牛油和果酱来,快点去呀。

大　雄：好好好。

小叮当：有牛油和果酱就可以了。

大　雄：带这个干什么啊,不是要带便当去吗?准备就绪,我们可以出发喽。太好喽,朝目标前进!

训练提示：哆啦A梦心肠好,乐于助人,虽然是猫但很怕老鼠。每次大雄遇到困难,他总会帮助大雄。野比大雄是片中第二主角,性格懒惰懦弱,不爱读书,胆小怕事。由于是卡通形象,这两个男性角色都选择女性配音员来塑造声音形象。配音练习时不必拘泥于此。

四、动画片《疯狂原始人》片段

内容简介：《疯狂原始人》是 2013 年由美国梦工厂动画公司制作,21 世纪福克斯公司发行的一部 3D 电脑动画电影。影片讲述了在史前时代一个居住在山洞中的原始人家庭被迫离开山洞后的冒险旅行的经历。原始人咕噜一家六口在老爸瓜哥的庇护下生活,每天以抢夺鸵鸟蛋为食,还要躲避野兽的追击,每晚听老爸叙述同一个故事,在山洞里过着一成不变的生活。大女儿小伊是一个和老爸性格截然相反的充满好奇心的女孩,她不满足于一辈子留在这个小山洞里,一心想要追逐山洞外面的新奇世界。

片段：觅食

小伊：太阳升起，带来新的一天，新的开始，新的希望，希望今天一切能比昨天好。我是不指望了，我叫小伊。这些是我的家人，咕噜家族。从我们穿的兽皮和后倾的额头，你应该能猜出来，我们是穴居人。大部分时间我们待在洞穴里，在黑暗里日复一日，夜复一夜。是啊，多可爱的家啊。当我们离开洞穴，得在残酷危险的世界里拼命找食物，而我还得拼命忍受我的家人。这儿就剩我们这一家了。以前还有一些邻居。呱嗒一家被猛犸象踩死了。哗咔一家被一条沙蛇吞掉了。呃呼一家被蚊子叮死了。噗咯一家得感冒死了。还有咕噜一家，就是我们。我们一家能活到今天,全靠我爸爸。他很强壮,他遵守规矩。画在岩壁上的规矩:新的都是坏的! 好奇是坏的! 晚上出门是坏的! 一句话,好玩的事儿都是坏的!

欢迎来到我的世界。不过呢,这个故事讲的是这一切在忽然之间彻底改变。因为我们还不知道,我们生活的世界很快就要毁灭了。而岩壁上没有一条规矩告诉我们该怎么办。

爸爸:哇! 咕噜咕噜,啊啊啊啊……啊!

小伊:哇啊!

爸爸:你该等我信号再出来。小伊!

小伊:啊……哎……不,我感觉就像在洞里待了一辈子了。

爸爸:才三天,哪有一辈子。

小伊:和你们在一起度日如年啊。

爸爸:小伊,你能不能下来? 你说得太……

太夸张了吧。不不不,小珊,快回来。等我信号。好孩子要听信号。呜嘎。

妈妈:我先把小珊抓回去,等你信号再出来。

爸爸:那有什么用,你们已经出来了。

坦克:我一直在等你信号,爸爸。

爸爸:无所谓了,坦克,你出来吧。

坦克:可是如果你不发信号,我怎么知道你是爸爸?

爸爸:发信号不是说我是谁,是说我没被动物吃掉。

坦克:等一下,可你的信号是动物的声音。这样不是更搞不清了吗?我还是先不动,等你信号再出来。

爸爸:哎……噢呼呼,噢呼呼……

坦克:啊啊啊!噜噜噜啊……啊!

爸爸:呜啊……

妈妈:妈妈,可以出来了。妈妈?

外婆:我还活着,哈哈……

爸爸:你怎么还没死啊。

外婆:你还这么胖!

爸爸:排成早餐队形!都拿出点穴居人的样子来。动作要快,声音要响。我们要齐心协力。

还有,永远不要不害怕!

所有人:(跑动的声音,气喘吁吁的声音)

坦克:啊,啊,早餐。

爸爸:轮到谁了?看外婆的。头还是屁股?

小伊:头朝上!

爸爸:屁股朝上,坦克去,各就各位。行了,坦克,去吧。快去,坦克。干得好,把它带回洞里。嗷呜……快点,放孩子咬它!!!

妈妈:去吧,小珊,快!啊,啊呀……抓住它们!

小珊:妈妈。

外婆:啊哈哈哈……哈哈……老太太阵亡,小伊,替我报仇。

小伊:谢啦。哈哈哈……

爸爸:小伊!

小伊:接着……哇啊啊!

坦克:爸爸,能吃了吗?

爸爸:等我们回到家再吃。小伊,过来踩刹车。小伊……开饭啦!

训练提示:爸爸瓜哥强壮细心,责任感强,害怕改变,拒绝接受一切新鲜事物,但他对家人的爱无微不至。配音时可以选择较为憨厚的声音,塑造一个谨慎又勇敢、固执又可爱的父亲形象。小伊是个叛逆少女,是个肌肉发达并且有抱负的女孩,坚韧、勇敢、好奇心强,配音时要突出她果断、坚毅的性格特征。妈妈是全片最正常的角色,选用充满母性、温暖亲切的声音即可。坦克非常听话,胆小怕事,守规矩,拥有巨大的能量和热情,却又笨拙憨傻。小珊是一个野兽般的孩子,极具爆炸性,这个片段里她的台词主要是疯狂地喊叫。外婆虽然年纪大了,但依旧勇敢,台词不多,却机智幽默。这个片段除了各个角色的性格特征以外,整个场面的紧张节奏也是配音的一大难点。

五、动画片《极速蜗牛》片段

内容简介:《极速蜗牛》是 2013 年由梦工厂动画公司制作,21 世纪福克斯公司负责发行上映的电脑动画电影。影片讲述菜园蜗牛西奥抱有一个几乎不可能实现的梦想:成为世界上跑得最快的蜗牛。一次偶然的不寻常事件让他拥有了非凡的速度,西奥打算让自己的梦想成真。

片段：与卷饼哥相遇①

切特：我死了吗？

这里是……天堂？照片上的天堂可比这干净多了。

与卷饼哥相遇

西奥：快起床，快点！

切特：西奥？乌鸦也把你给吃了？

西奥：什么？切特。不，乌鸦没吃我们。而是……嗯？

切特：噢！你看这个地方，到处都是碎玻璃，还有生锈的钉子。

西奥：什么？这？

切特：这里还有一个盐包！

西奥：啊，是有。

切特：这简直就是个雷区。噢，啊，不不不，

---

① 根据全国公映的影片的中文配音整理，与二维码链接的影片中的中文翻译略有不同。网络视频仅供参考。

我得破伤风了,我得破伤风了,我下巴动不了了,下巴动不了了。啊,啊,啊!

西奥: 切特,能不能冷静一点,没必要慌张,这儿没那么危险。好了,我们不会有事儿的。

切特: 啊?!

提托: 喔喔喔,我今天运气真好。抓到两只小蜗牛,今天晚上有得玩了。喂,我是提托,告诉大家,我马上就到。

切特: 这里是什么地方?

提托: 快打电话叫警察吧,今天我要大开杀戒。

切特: 他要杀人?

女1: 他这次带了什么?

女2: 鞭索会把它们全部干掉。

男1: 一定会很惨烈的。

女1: 嗯,它死定了。

切特：啊,啊,我们要死了,我们要死了。噢,噢,啊,啊。

女 2：快点儿,快点儿,动作快点儿。

切特：啊,噢。

比赛蜗牛 1：这里离家有点儿远了吧,菜园蜗牛?

比赛蜗牛 2：看来这里有个爱哭鼻子的。

比赛蜗牛 3：我们开始吧。

比赛蜗牛 4：这次我会赢的,这次我会赢的。

切特：我们该走了,西奥。

提托：各就各位,准备好。出发!

所有蜗牛：啊!

切特：啊!

女 2：快看,它死了。

众人：哈哈哈哈。

女 2：卷饼哥找了只死蜗牛。

众人：哈哈哈哈。

提托：不是吧?

女1:快跑。

提托:我的个神啊。

比赛蜗牛4:你刚说你叫什么来着?

西奥:我的名字叫特伯。

比赛蜗牛3:我也想换名字。

男1:你在哪儿找到它的?

女2:它怎么能跑这么快?

比赛蜗牛1:嗨,你怎么做到的?

切特:西奥,借一步说话。拜托了。好的,刚刚,嗯。

西奥:帅呆了,对吗? 还有更炫的,看这个。噢。

切特:快关掉。

西奥:对不起,我打了远光灯,我错了。噢,新的惊喜。

切特:没事的,没事的,西奥,撑下去。我们一回家,就把你治好。

西奥:什么? 我不需要治疗。我好得不得

了,切特。

切特:这还好? 好吧,你,你,你都变成怪物了。

西奥:我知道,我知道。这样不是很棒吗?

切特:西奥!

西奥:知道吗? 叫我特伯好了。

提托:我不知道你从哪个疯狂的实验室逃出来,不过你太棒了,小家伙,太赞了。

训练提示:西奥是一只菜园小蜗牛,却怀抱着成为世界上最伟大赛车手的大梦想。虽然这个荒唐的梦想使他遭到了蜗牛族群的唾弃,但在一次离奇的意外中,它却获得了非凡的能力。它勇敢、坚强、充满冒险精神。配音要注意塑造阳光、积极、果敢的角色形象。切特是西奥的兄弟,谨慎小心、安全第一的保守派。卷饼哥提托并不是恶人形象,相反,他憨厚、老实、可爱。

六、动画片《怪物电力公司》片段

内容简介:《怪物电力公司》是 2001 年由皮克斯动画工作室出品的一部美国计算机动画喜剧片。影片主要围绕怪物电力公司旗下雇佣的两个怪物展开,一个是头号吓人专家毛怪——萨利文,它是个大块头,浑身长满蓝色长毛的怪物;另一位则是毛怪的助手兼最好的朋友大眼仔——麦克。

片段:起床①

大眼仔:早上好,怪兽之都。现在的时间是 6 点过 5 分,气温 19 度,是个最适合爬虫类动物的凉

起床

---

① 以下两个文稿根据全国公映的影片的中文配音整理,与二维码链接的影片中的中文翻译略有不同。网络视频仅供参考。

爽天气。而且今天看起来很适合躺在温暖的被窝里面睡懒觉,或者是起来端着你耷拉在床上的那坨肥肉!起床啦,毛怪!

毛　怪:啊啊啊啊啊!我没请你吹起床号,麦克。

大眼仔:嗨,少说话,多运动,你这个大木瓜。

毛　怪:啊!

大眼仔:再加把劲儿。

毛　怪:哇啊!

大眼仔:你不是自称NO.1吗?原地跑,原地跑,原地跑。噢,小孩儿醒了。起来,起来,接着跑,接着跑,接着跑,接着跑。小孩儿睡着了。

毛　怪:哇啊!

大眼仔:双胞胎,上下铺。

毛　怪:呜,哈!呜,哈!呜,吼!

大眼仔：噢,你小子还挺精。好,毛怪,来,加油。准备好了吗?跟着它,它在这儿,它在那儿。别让小孩儿碰到你,别让他碰你啊。

毛　怪：啊!啊!啊!

大眼仔：别看你现在叫得欢,小心半夜一个劲儿地蹿。记住,不允许有口臭。怪兽 NO.1 可绝不能有口臭。118,来个 119?有本事接着上 120?啊,我真不敢相信啊。

毛　怪：我还没出汗呢。

大眼仔：没说你。噢,快看呐,是新广告。

毛　怪：啊。

广　告：怪兽电力公司的前景光明。

大眼仔：这里面有我,有我。

广　告：我们是您生活的一部分。给您的车子添动力,给您的家庭添暖意,给您一个光明的城市。

广告中怪兽员工 1：我们是怪兽电力公司。

毛　　怪：哎,看,贝蒂。

广　　告：仔细为每个小孩儿搭配可怕的怪兽,以制造超高频率的尖叫,转换成足以信赖的清洁能源。你使用的一切电能背后均有我们怪兽公司的竭诚服务。

广告中怪兽员工 2：我们是怪兽电力公司。

广　　告：我们知道任务艰巨,孩子们的胆量越来越大,但是怪兽电力公司有迎接未来的准备。

广告中怪兽公司老板：当然,我们不担心,因为怪兽电力公司拥有顶级惊吓怪兽,还有最棒的进化设备,能深入研究新的能源技术。

大眼仔：快看,到我了。

广告中毛怪：为开创更美好的明天,加油。

广告中全体怪兽们：我们是怪兽电力公司。

广　　告：我们是怪兽电力公司,因为关心,所以惊心。

大眼仔：我真不敢相信。

毛　　怪：噢,麦克。

大眼仔：我上电视啦! 噢,看见了吗? 我是天才。(电话铃声响……)

大眼仔：喂,我知道,我是不是很棒? 全家都看到了吗? 是你妈妈。哈哈哈哈哈,我能说什么呢,我真的很上镜。

片段：约会

西莉亚：麦克,我们庆祝过很多次生日,噢,这次感觉最好。哈哈,你看什么呢?

约会

大眼仔：我只是在想,我第一次见到你的情景。你有多么漂亮啊。

西莉亚:讨厌。

大眼仔:那时候你头发比较短。

西莉亚:嗯哼。我正琢磨把它剪了呢。

大眼仔:啊不,这样长短刚好。我喜欢你的一切。

西莉亚:噢。

大眼仔:昨天还有人问我,整个怪兽公司里最漂亮的怪兽是谁,你知道我是怎么说的?

西莉亚:你怎么说的?

大眼仔:你猜猜?……毛怪?

西莉亚:毛怪?

大眼仔:啊不不不,我要说的不是这个。我想说……

西莉亚:麦克你在胡说什么呢?

大眼仔:我正好看到,他好像提着什么。

毛　怪:你们好。碰到你们真巧。我想要点外卖。

西莉亚:麦克?

大眼仔:毛怪!

毛　怪:不知道这有什么好吃的。

大眼仔:你快走,你会搞砸的。

毛　怪:我刚刚回去拿你的报告,结果那里有一扇门。

大眼仔:什么? 一扇门?

毛　怪:兰道在里面。

大眼仔:等一下,兰道。噢,那个骗子。他偷偷加班了。

毛　怪:没那么简单。

大眼仔:什么?

毛　怪:看看这个袋子。

大眼仔:什么?

毛　怪:看看袋子里面。

大眼仔:哪有袋子? 啊!

毛　怪:哇啊啊,这里没有我爱吃的东西,西莉亚,拜拜。

西莉亚: 麦克,怎么回事啊?

大眼仔: 西莉亚,对不起,抱歉。我得去做件事儿。不!

西莉亚: 麦克!

训练提示: 毛怪萨利文是一只体形庞大并长满蓝色长毛的怪兽,是怪兽电力公司公认的最吓人的怪兽。虽然他非常擅长吓唬孩子,但本质上却善良体贴、阳光乐观。配音时要注意刻画它骨子里的可爱与憨厚。大眼仔麦克是一只长有手脚的巨大眼睛。它性格乐观积极,容易满足。西莉亚是怪兽电力公司的电话接线员,是麦克的恋爱对象,配音时可以把声音形象塑造得甜美妩媚一些。

第三章　小说演播

第一节　理论概要

一、小说演播的定义

小说是"一种叙事性的文学体裁,通过人物的塑造和情节、环境的描述来概括地表现社会生活。一般分为长篇小说、中篇小说和短篇小说。"①

小说演播是指演播者以小说本身为创作依据,以有声语言为创作手段,把文字语言转化为声音作品的艺术创作活动。

---

① 《现代汉语词典》,商务印书馆 2012 年第 6 版,第 1435 页。

二、小说演播的创作技巧

小说演播难度很大,它要求演播者兼具较强的讲解叙述能力和丰富的人物语言造型能力。

1. 找准依据,确定基调

小说演播以小说本身为创作依据,演播前要深刻挖掘小说的思想主题,整体分析小说的历史背景、写作背景和播出背景,准确把握小说的时代特征、民族特征与创作风格。这诸多因素汇聚在一起,着眼全局,确定演播基调。

2. 重在叙述,区分人物

小说演播中,有声语言可以分为叙述语言和人物语言两类。和影视剧配音相比,小说演播拥有大量的叙述语言。影视剧中通过观感获得的信息、情节、情绪在小说演播中皆由有声语言表现。因此,如何形成具有强烈带入感、画面感的生动叙述语言,是小说演播的重中之重。

另外,小说演播中的人物语言,由于没有具体人物形象的衬托,演播中很容易顾前不顾后,失去统一性,进而失去人物基调。也有一些小说演播作品,在录制之前已经上映过同名电视剧,并且获得巨大成功。剧中角色的深入人心,给小说演播中塑造角色带来挑战。演播得好,和电视剧贴近,是锦上添花。如果演播得不好,或者说只是因为和电视剧中的人物不像,就可能招致听众的批评,甚至反感。

第二节 训练材料及训练提示

一、小说《鬼吹灯》片段

内容简介:《鬼吹灯》是一部中国内地的网络小说,是一部极为经典的悬疑盗墓小说。全书以一本家传的秘书残卷为引,首创历史上四大盗墓门派——摸金、卸岭、发丘、搬山,其中摸金是技术含量最高、规矩最多的门派。"人点烛,鬼吹灯"是传说中摸金派的不传之秘,意为进入古墓之中先在东南角点燃一支蜡烛才能开棺,如果蜡烛熄灭,须速速退出,不可取一物。相传这是祖师爷定下的活人与死人的契约,千年传承,不得违背。

精绝古城第 45 集片段:盘问[①]

第二幅第三幅石画并列在一起,表现的是两种不同的结果,一种结果是三个人加上一个头上长眼的恶鬼,一同打开了石匣,这时恶鬼会突然袭击,掏出其余三个人

---

① 可在哔哩哔哩搜索"鬼吹灯之精绝古城艾宝良",找到第 45 集 00:22 至 15:06。此作品由艾宝良演播。演播者对文稿进行了改编,所以演播作品与文稿略有不同。

的内脏。第二种情况是,恶鬼倒在地上,身首分离,已经被杀掉了,三个人打开了第二层石匣,墓室中出现了一条通道,可以逃出升天了。这么说先知给了我们提示,让我们自己选择自己的命运?这道题目未免也太难了。我和胖子是一个人的两条腿,缺了谁也不行;陈教授为人和善,更是待我不薄;雪莉杨救过我的命。不论他们三个中的哪一个是恶鬼,我都下不去手。

如果之前不知道先知预言的真假,我可能还不会害怕,但是这位已经死去几千年的先知,他的预言精确得让人无话可说,那么我们当中就真的有一个人是恶鬼了?不管他是被恶灵附体也好,还是一直伪装成普通人的魔鬼,这已经是现成的事实了,而我现在又不得不面对这个事实。第二层石匣必定会开启,不除掉隐藏着的恶鬼,我们都得死在这里陪葬。

谁是……恶鬼呢？不可能是我。我看了看胖子,眼睛是观察一个人最直接的渠道,眼神是很难伪装的,他的眼神我再熟悉不过了,还和以前一样,对什么都满不在乎,那眼神就好像是在说：老子天下第一,谁不服就揍谁,当然也不可能是胖子了。那么既然不是我们两个,难道……我偷眼看了看身后,雪莉杨和陈教授,雪莉杨也正注视着我,我不敢和她目光相对,连忙假装看别处。

雪莉杨见我和胖子看了打开的石匣后一直在嘀嘀咕咕,便问道："老胡,石匣里面有什么东西？"我冲胖子挤了挤眼睛,胖子会意,连忙假装坐在地上歇息,刚好把打开的石匣挡住,不让雪莉杨看到。

我得先想办法稳住他们,想出对策之后再动手。我对雪莉杨说："石匣里面什么都没有,空的。"雪莉杨问了一句就不再说话,坐在一旁取出水壶,想让陈教授喝两口。陈教授已经彻底疯了,谁都不认识,一挥手把水壶打翻在地上,跺着脚哈哈大笑。这是我们仅存的小半壶清水,雪莉杨急忙去把水壶捡起来,这回小半壶水,又撒了一多半。胖子在我耳边问我:"怎么办?要不要把他们两个都……"我止住他的话头:"别,还没弄清楚之前,千万不可以轻举妄动,要不然后悔都来不及。对了,咱俩的嫌疑可以排除了吧?"胖子说:"那当然了,咱俩怎么回事咱自己还不清楚吗,我看那美国妞儿的嫌疑最大。"我说:"我觉得咱还是得走个过场,要不然一会儿动起手来,免得让杨小姐和陈教授挑咱们的理。"胖子说:"枪杆子里出政权,什么理不理的,直接放翻了他们俩,挨个审查审查,审不出来就大刑伺候,再审不出来就……"胖子单掌向下一挥,做了个砍人的手势。

我一听胖子说枪杆子里出政权，忽然想起一条计策，那恶鬼定然是从精绝国跑出来的，不管它怎么伪装，它都没经历过"文革"吧，这些妖魔鬼怪也不搞政治学习，不看报纸新闻，他们伪装成人的模样，对外边的事物不一定了解。

于是我对胖子说："你刚才能说出枪杆子里面出政权，这就足能证明你不是恶鬼了，现在你考考我，我也证明一下我自己，然后再问他们俩。"胖子挠挠头："那你就念句主席诗词吧。"我想都没想就念道："国际悲歌歌一曲，狂飙为我从天落。"胖子道："没错，你绝不是恶鬼。"

雪莉杨何等聪明，见我和胖子不停地小声商议，就明白可能有什么问题，当下站起身朝我们走了过来："你们两个究竟在说什么？还要背地里说？"我和胖子从地上跳将起来，喝道："站住，再走过来我们不客气了?"雪莉杨一怔,问道:"你们怎么了?发什么神经?"胖子道:"没什么,就想听你唱首歌,你唱个《林总命令往下传》来听听。"雪莉杨更是茫然不解,这是什么场合,刚死了那么多同伴,又身陷绝境,哪有心思唱歌,更何况唱什么《林总命令往下传》,简直是不知所云。

我心中也觉得胖子让她唱的这首歌有点偏了,让一美国妞儿唱解放战争时期的歌,她肯定不知道,但是能考她什么呢?现在美国总统是谁?那他娘的连我都不敢确定。我掏出黑驴蹄子连哄带骗地对雪莉杨说:"你先别问这么多了,你啃一口这个,然后拿去给陈教授啃一口,就只管照我说的做,对你只有好处没有坏处。"雪莉杨有些生气了:"连你也神经了?这驴蹄子是用来避邪驱魔的,我不吃,你拿开。"她越是不吃越是显得可疑,我对胖子使个眼色,胖子不由分说,过去就把雪莉杨按倒在地,解下皮带把她捆了个四马倒攒蹄,雪莉杨气得脸上青一阵白一阵,咬牙切齿地说:"胡八一,你是不是看我揭穿了你倒斗的勾当,就想杀我灭口……你们俩快把我放了。"

陈教授在一旁看得兴高采烈,哈哈大笑,口水顺着嘴角往下流,我看了陈教授一眼,心中极是难过,多有学问的一位长者,落得这种下场,不过也不能排除他的嫌疑,等先弄清楚雪莉杨的事再做理会。

我硬起心肠,对雪莉杨说:"你究竟是不是精绝女王?"

雪莉杨怒道:"死老胡,你胡说什么?!"

我冷冷地说:"我看你就像是被那妖怪女王附体,再不然就是她转世投胎,否则你怎么能在梦中见到鬼洞中的情形?还有你一个美国妞儿,怎么知道我们倒斗的唇典?"

胖子早就看雪莉杨有点不顺眼,这时候终于逮着机会了,拔出匕首,猛插在地上:"老胡,你把她交给我了,她知道咱俩是倒斗的,这事并不奇怪,这妖怪肯定会读心术,问她也没有用,给她脸蛋儿上划两刀再问,看她招是不招。"说罢就要动手。

我看雪莉杨竭力忍着在眼眶中打转的泪水,不看胖子的匕首,却盯着我看,我心中一软,想起在扎格拉玛山谷中被她所救之后,曾对她说我欠她一条命,这时候如何能对她下毒手。

我连忙阻止胖子:"且慢,还是先跟她交代一下咱们对待俘虏的政策,她若还是顽抗到底,再给她上手段也不迟。"

胖子说:"其实我也不忍心花了这么个漂亮妞儿的脸蛋儿,不过这妖怪诡计多端,咱要小心被她的美色所诱惑。"

雪莉杨越听越气,险些背过气去,再也

绷不住,流出泪来,只听她哽咽着说:"我为何梦到鬼洞中的情形,我自己也不清楚,我懂你们倒斗的唇典,是因为我外公在出国前也是干这行当的,我都是听他给我讲的,这事我本来想以后找机会和你谈的……我该说的都说了,你们两个家伙要杀要剐,尽管动手,我……我算是看错人了。"

胖子冷哼了一声道:"花言巧语,装得够无辜的啊,你就编吧你,老胡你表个态,怎么处理?"我拿出黑驴蹄子放在雪莉杨嘴边:"你咬一口,只要你啃一口,我马上放了你。"

雪莉杨说:"你……你快杀了我,否则我今后饶不了你,我做鬼也不放过你。"

我见她不啃黑驴蹄子,便从胖子手中把匕首拿过来,这时我心中有个声音在问自己,倘若她真是恶鬼,我下得了手吗?答案很明显是否定的,可是不动手杀死我们四人中的那个恶鬼,大伙都得死在这小小的墓室中,他娘的,干脆大伙一起死了算了。

正在我进行激烈的思想斗争之时,陈教授呵呵傻笑着站起来,手舞足蹈地又发起疯来了,我怕他去打开第二层石匣,便伸手拉住他。

陈教授大笑着喊:"花啊,真美,红的绿的,我找着的……呵呵呵……"

我看着他疯疯癫癫的样子,听他说什么花,这种疯子,我在哪见过。不对,不是见过,是听说过,那个幸存的英国探险家……我脑中一团团乱麻般的思绪,猛然被无形的手扯出了一个线头,这个线头很细小,但还是被我捕捉住了。

"尸香魔芋"……难道我们还没有摆脱它制造出的幻觉陷阱吗?"尸香魔芋"这朵来自地狱中的魔鬼之花,我们还在它的控制范围之内,它正在引诱着我们自相残杀……

训练提示：《鬼吹灯》全篇演播基调神秘玄幻，节奏张弛有度，时紧时松，以讲解为主要话语样式。有的演播者甚至带着浓郁的方言味道播讲，也能带来一种独特的感受。这里选择的片段人物关系简单，心理活动复杂，语言对话丰富，需要刻画的细节难度相对较大。另外，小说演播通常由一个人独立完成，因此小说中诸多人物的语言不必像影视剧配音那样在声音上全方位扮演，也就是说，不必在人物语言的"形"上大作文章，而应该力求刻画人物语言的"神"。

二、小说《盗墓笔记》片段

内容简介：《盗墓笔记》是南派三叔的代表作，是一部盗墓题材小说。小说描写一群盗墓贼挖到了一部战国帛书的残篇，记载了一座奇特的战国古墓的位置，但他们几乎全部身亡。50年后，其中一个土夫子的孙子在先人笔记中发现了这个秘密,他纠集了一批经验丰富的盗墓高手前去寻宝,遇到了一系列诡异事件。

第43集片段:混战[1]

我稍微错愕了一下,马上意识到头顶上的石板肯定是被什么人抬了上去,那一刹那我还以为是三叔或者阿宁,因为古墓里除了他们再也没有其他人了,可是我一抬头,看见的却是一只魁梧的长满了鳞片的海猴子的脑袋,它正躬着个背,居高临下地俯视着我。我眼角的余光瞄到它的肩膀上血肉模糊,还插着一只梭镖,心里边,一声长叹,真是他娘的冤家路窄,这东西还真贴上我了。

---

[1] 推荐收听由青雪演播的《盗墓笔记》第43集 03:00 至 14:07。演播者对文稿进行了改编,所以演播作品与文稿略有不同。

我不知所措的时候,突然有人在拉我的裤子,我低头一看,原来是闷油瓶。他正示意我快下去。我连忙跟着他就往下爬,我身下的盗洞是个斜坡,本来刚才就是和闷油瓶挤在一块儿,行动已经非常不便了,这下子更是手忙脚乱慢了半拍。才下去几步,头顶上的海猴子就"咕噜"一声,猛地把头探下来。看到它那张狰狞的猴脸直逼着我就过来,我吓得脚下一滑,一屁股撞在盗洞的墙上。

这下子虽然屁股剧痛,但是我乘机顺势滑了下去,心说天助我也,那海猴子体积这么大,打死也钻不进来,这下子我至少可以缓和一下心跳。我这时候想得很美,可是天不遂人愿,才滑下去半米,突然胖子堵了上来,还正一个劲儿地往上钻,大叫:"上去上去,那鸡婆又爬上来了!"我一听大吃一惊,连忙往他身后看,只见一大团头发已经涌上了最后一个"之"字形的转弯处,心里骂了一句,祸不单行,真是怕什么来什么。连忙把打火机扔给胖子,让他先挡一下,自己抬头去看上面的情况,才刚一动脖子,就被头顶上的海猴子一口咬住右肩头。

这下子麻烦了,它这一口咬得恰到好处,獠牙深深地刺进了我的皮肉,疼得我几乎晕厥过去。我刚想挣扎,海猴子用力一扯,把我整个儿拖出了盗洞。

他把我叼在半空当中,似乎没想要马上杀我。但是此时此刻,只要它用力一甩,就能把我从肩膀处撕成两截儿。这时候就算是再怕也必须反抗了。我转眼一看它的肩膀上还挺着我打进去的那一支梭镖,连忙抬腿就是一脚,这一下子正踢到地方,那梭镖竟然又被我踢进去四五公分。海猴子"嗷"了一声,一下子把我甩了出去。

我使尽浑身的力气,在地上滚了七八

圈,总算是缓冲了落地时候的撞击,可是再想站起来,整只右手已经完全使不上力气了。那海猴子疼得恼羞成怒,狂吼了几声又扑了上来,这一次是直奔我的脖子来了。

它来势极快,我避无可避,只好用手去挡。这个动作无疑是螳臂当车,但是如果不这样的话,我恐怕连脑袋都保不住。这个时候,胖子突然从后面扑了过来,一下子抱住了海猴子的腿,把它绊了个狗吃屎,两者同时倒地,滚成一团。胖子非常敏捷,还想像武松打虎那样爬到海猴子背上去,可那海猴子的力气太大,胖子根本压不住它,被它一脚踢得飞了出去。

我一看胖子也制不住它,心叫不妙,果然那海猴子朝胖子龇了龇牙,转头又向我扑过来,我一看你他妈的是针对我啊,忙去摸腰里挂着的气枪,一摸就想了起来,刚才爬石壁的时候,为了顺利脱身,早就把那长矛一样的枪扔了,如今可能已经被压成一团麻花了。

现在后悔已来不及,海猴子瞬间就到了我面前,我以为它肯定会一口咬住我的脖子,把我的脑袋扯下来,索性把眼睛一闭就在那里等死,没想到它似乎还有气没消,一脚狠狠踩在我的肚子上,这一脚差点没把我的脊椎给踩折掉,我一口血吐出来,疼得几乎失去了意识。它还不罢休,又抬脚想踩我的胸口,可是脚刚抬起来,突然"哷"的一声巨响,我也不知道是怎么一回事情,只见它"嗷"一声就被敲得飞了出去,摔了好几个跟头。

我转头一看,只见胖子天神一样走了过来,手里举着面大铜镜,现在还在不停地震动,我看了咋舌,看来造成刚才巨响的凶器就是这个了,这胖子的手真黑,那一下要是人,就铁定给拍死了,我暗自提醒自己,以后千万不能得罪他。

　　胖子此时正在气头上,不等那海猴子爬起来,冲上去又是反手一下,同样"嘭"一声巨响,那海猴子脸都被敲得变形了,又滚出去好几米。可惜这海猴子体格非常的健壮,这几下子没对它造成重创,不过它也知道了胖子的厉害,再也不敢冲过来,几个飞蹿爬上了一根柱子,在上面对着胖子直吼。这个时候我已经发现了,这里就是闷油瓶说的放置天宫模型的房间,最直接的证据,就是房间四面墙上,有四幅巨大的影画,我现在没办法仔细去看这些画的内容是否和他描述的符合,但是可以肯定,这里的情景在他们离开二十年后,一点也没有变化。不过让我诧异的是,这个房间并没有他说的那么大,这里能让我感觉他所说的壮观的,只有边上的金丝楠木柱,的确是三人环抱,货真价实,其他的东西,顶多只能算是豪华而已。

胖子一击得胜,嚣张起来,骂了一声:"老子粽子都敲死不知道多少个了,你一只破猴子在我面前人五人六的,简直不把你胖爷爷当回事情。"说着就想把镜子甩上去,可是这铜镜分量也实在够重,胖子刚才那两下铆足了力气,这一次却举都举不起来,在原地晃了好几个圈。

这海猴子非常狡诈,看他发力不成,突然就从柱子上跳了下来,猛地把胖子扑倒在地上。胖子反应不及,被压在了下面,一时间也推不开,结果结结实实挨了那海猴子一爪子,这一巴掌就直接甩掉胖子一块皮。胖子什么时候吃过这种亏,一下子眼睛都红了,狂吼一声,一口就咬住它的脸。那海猴子疼,大吼一声,跳起来远远地逃出去好几步。

我看到海猴子脸上的鳞片被撕下来一

大块,鲜血淋漓,看上去更加狰狞,不过它也被胖子搞懵了,变得谨慎起来,开始远远地站着观察我们,似乎想找出胖子的破绽。胖子这个时候也是硬撑着,我看他气都接不上来,体力消耗得很厉害。

双方对峙了几分钟,这海猴子毕竟是动物,没办法和人一样,开始精神不集中起来。它打了个哈欠,转了转头,开始左顾右盼。马上,它就看到闷油瓶正在咬牙把盗洞口的石板盖回去,那石板非常重,一个人实在很难抬动,他只能一寸一寸地拖着。这海猴子看到闷油瓶一个人落单,杀心又起,大吼了一声就冲了过去。

我心里一惊,没想到这东西也颇有人性,知道欺软怕硬,忙大叫:"当心!!"

闷油瓶已然察觉后面劲风突起,没有办法,只好放下石板,一个打滚先逃过一击。那海猴子一爪落空,马上又是一扑。

我知道闷油瓶必然有能力对付这东西,也不是很担心,只见他往前跑了几步,把海猴子引到一根楠木柱边上,突然一跃,第一脚踩到柱子上,然后一蹬,凌空跳舞一样的一个转身,两只膝盖就狠狠压在了那海猴子肩膀上,只把那海猴子压得身子一矮,差点跪了下去。我不知道这是什么功夫,只看得眼睛一亮。不过那海猴子非常的强壮,这一下子几乎没对它造成影响。不过闷油瓶还不罢休,不仅没有立即跳下来,反而双腿一夹,用膝盖夹住了它的脑袋,然后腰部用力一拧,就听一声清脆的喀啦,那海猴子的脑袋不自然地被拧成了180度,整块颈骨都被绞断了。

这一系列动作几乎在一秒内全部完成,简直是秒杀。我和胖子看得下巴都掉了下来,都觉得自己脖子一疼,好像抽了筋一样。我想起那血尸的头,心说肯定也是这样被他拧下来的,不由直吸凉气。这一招太狠了,我都替那海猴子觉得不值。

闷油瓶跳下来后,忙冲回去搬那块石板。我看到一团头发已经从盗洞口里冒了上来,忙叫胖子去帮忙。胖子还是老办法,先用打火机把那团头发逼下去,然后和闷油瓶一起把青岗石盖回了原位。那鸡婆很不甘心,在下面撞了好几下,想把石板撞开。胖子怕她把石板撞裂了,索性一屁股坐了上去,把洞口牢牢地压死。

撞击的声音一直持续了十分钟,无奈胖子加上石板,不是一般人能抬得动的,胖子被震得力竭,下面的东西才平息下来。他骂了声娘,累得一下子躺到地板上不动了。

我看危险过去了,长出了一口气。这个时候右手已经恢复了知觉,可以做一些微小的活动了。我看到闷油瓶走到了东南边的角落里,忙跟了过去。那里的镜子已经被移开了,墙上果然有一个黑漆漆的洞口,只有半人高,里面看上去非常的深邃,不知道通到哪里。

训练提示:《盗墓笔记》也是一部经典的悬疑盗墓小说。和艾宝良的《鬼吹灯》相比,青雪的演播更加感性、夸张,特别是对动作细节的描述,配合恰到好处的音效,让人身临其境、心惊肉跳。这种夸张的表达方法有时也显得故弄玄虚,但女声演播得如此传神,实属少见。

三、小说《永不瞑目》片段

内容简介:《永不瞑目》讲述一位女刑警欧庆春将已牺牲的未婚夫的眼角膜捐给了阳光帅气的大学生肖童。肖童与欧庆春结识后爱上了她。富家女欧阳兰兰在被肖童救了一命后疯狂地爱上了他,但被肖童拒绝。肖童为了欧庆春,主动要求充当警方内线,打入贩毒集团。历经曲折和磨难,最终配合警方将欧阳天贩毒团伙一网打尽。

第64集片段:肖童牺牲[①]

肖童以后将怎么处理他的这个孩子呢。庆春一想到这个孩子心情就坏透了。明天早上,只要欧阳兰兰不是负隅顽抗自取灭亡,肖童就必然地成了一个父亲。即使欧阳兰兰被判死刑,按照法律规定,也要等她把孩子生下来并度过哺乳期,才能执行。作为父亲,肖童对这个孩子负有不可推卸的责任。而庆春自己,她能够接受这个现实吗?

[①] 推荐收听由牟云、刘纪宏演播的《永不瞑目》第64集 09:33至24:20。演播者对文稿进行了改编,所以演播作品与文稿略有不同。

很晚的时候,电话的铃声又响了。又是肖童,他说欧阳兰兰来电话了,她现在在她父亲的一个朋友家跟他们一块儿打麻将呢。庆春问,哦?她说她还回来吗?肖童说,她说明天早上回来。庆春说,明天早上他们已经在六十公里以外的海上登船走了,看来她就没想带你走。这样更好,省得你搅在里面我们的人更不好下手。肖童说,庆春,我想过去和你当面谈谈,我有很多话想跟你说。庆春说,你还是好好休息吧。庆春用了一种非常事务性的口吻结束了他们的通话,然后就把电话挂了。可是过了没多久,肖童当当当地过来敲她的门。庆春问清楚是他以后,犹豫半天才打开了门。肖童一进门她就先发制人,她说肖童,现在我们都是在工作,现在可不是谈私事的时候。庆春没料到肖童居然说,我不想谈了,我只是想,抱抱你。

庆春愣了一下,还是拒绝:"我说了,现在我们是在工作……""你听我说"肖童打断了她,声音突然有些哽咽:"我知道,可是这两个月来,我以为我不会活着再见到你了。这两个月一直在支撑我的就是你,是你给了我坚持下去的信念。现在,我只想再抱你一下,然后我就走。"庆春有些感动,她两眼直直地看着肖童,点了点头,他们两个抱在一起。肖童只是紧紧地,一动不动地抱住庆春。庆春感觉到肖童流泪了,听到他在自己的耳边说:"庆春,我知道,我们已经没有缘分了。"说完之后,肖童松开手,转身离开了庆春。庆春听见那扇沉重的门在她的身后砰的一声关住了!然后,庆春彻夜未眠。

她希望肖童还能再打电话来,她希望肖童能和她谈谈。在这夜深人静的时候,在这个把他们俩联结在一起的案件就要胜利结束的时候,在他们久别重逢的时候,隔着一堵墙,为什么突然会有这种离散的凄凉?肖童为什么就不能再打个电话来,细说原委,商量商量呢?难道他真的绝望了吗?

凌晨,天还没有全亮,电话响了。静了一夜的电话在此时异常地尖锐。果然还是肖童。

他的声音急促而慌乱:"庆春,是我,刚刚欧阳兰兰又给我打来电话,她没去海上,她说她现在在火车站附近。"庆春心里一怔,问:"她在那儿干什么?""她说她要走了,向我告别。""她又在骗你,她一定和她爸爸在一起,他们现在应该已经在海上了。""也许是吧,可我觉得,她没必要骗我。"庆春想了一下,说:"你马上下楼,在宾馆大门口等我。"庆春放下电话,匆匆忙忙地穿好衣服,一边下楼一边用手持电话向省公安厅报告,请求支援。尽管她这时仍然认为这个突然的变化有百分之八十是虚惊一场。

省公安厅在宾馆的车库里给她留了一辆车。她把车开出来,在大门口接了等在那里的肖童和一直守在大堂的两位市局的便衣。然后向着破晓的霞光,穿过清晨冷清的街道,直奔火车站驶去。

他们赶到火车站时,站前的大钟刚刚敲了沉重的一响。他们几乎没顾上看是几点了便跑进了候车大厅。已经有几个线路的早班车开始检票了。市局的同志出示了工作证,检票员便让他们全都进了站台。庆春说,咱们得分开找,如果谁发现了他们,能抓就抓,不能抓就跟踪他们上车。注意别伤了群众。她又对肖童说,要是你发现了,你就缠上欧阳兰兰,要她带你一块儿走,然后你有机会还是打那个电话!肖童说好! 欧庆春和肖童分开了,他们分头在两个站台上寻找。提着大包小包操着各地方言的乘客从她的身边争先恐后地跑过。因为是刚刚检票,列车上倒是空空的还没上去多少人。

这是一趟开往柳州的火车。

在这个站台上她没有找到欧阳兰兰,却在人群中找到了刚刚赶到的省厅和市局的同志。

市局至少进来了十几个便衣。省厅的同志说,火车站的各个出口已经封锁,欧阳天只要进来了,就是瓮中之鳖。各出口的同志都看过通缉令上的照片,对他的相貌早就烂熟于胸。现在关键是别伤了群众。

车站派出所的同志也都来了。向他们介绍了情况:西边的站台是广州至湛江的"普快",再往西那个站台还没有车,在那空着的站台的右邻,是广州到福州的特快,也已经开始检票放人了。

便衣们便四散而去,庆春跳下站台,穿过路轨向西边的站台走。时间还早,大多数站台都还空着,发着寒光的铁轨静静地把躯干延伸进稀薄的朝阳和青白的晨雾中,越远越显得朦胧。

庆春这时还不知道,她和肖童等人一进站台就被欧阳天他们发现了。欧阳天他们一直在站台的柱子、楼梯、货亭的掩护下,跟便衣们进行着一场惊心动魄的捉迷藏的游戏。欧阳天本来决定他们三个人分散开走,但由于欧阳兰兰撕心裂肺地目睹了肖童带着便衣警察追杀过来的一幕,精神已经崩溃,欧阳天只能和建军架着她往前走。去福州的站台上,便衣重重,要上车显然已经不可能。于是他们就往天桥上走,因为在另一个站台上,刚刚有一列客车到站,天桥一端的出站口已经打开,他们显然是想从天桥走出车站。但他们刚刚走上空无一人的楼梯,身后突然传来肖童的喊声:"兰兰!"欧庆春和另两个便衣这时恰从另一侧走上天桥,庆春一方面想站在高处向下看一看,另一方面也是担心欧阳天会从这里往外走。肖童的喊声使她的目光投向对面的楼梯,她看见欧阳兰兰绊倒在楼梯上,回过头来与肖童四目相视。肖童的喊声也惊动了周围的便衣,空荡荡的楼梯上,三个被搜寻的目标立刻暴露无遗。欧阳天和建军都惊慌地没有动,反倒是欧阳兰兰从怀里拔出了一支手枪,凶恶地对准肖童。肖童躲都没躲,依然坦然地向她走去。他面目平静地向她说了一句什么,但庆春听不见,因为这时不知是谁喊了一声:"不许动,把手举起来!"许多支手枪从不同方向对准了楼梯上的人。

庆春看到,欧阳天首先举起了双手,接

着建军也举起了双手。但就在这时庆春听见了枪声,就像小孩子玩儿的那种麻雷子,那种在北京禁放烟花爆竹以后就再也没有听见过的麻雷子,响得那么震耳,那么突然。连续的几声之后,她才看清欧阳兰兰手上还平端着一支枪,而肖童已经瘫在了天桥的楼梯上。庆春嘶声大喊,同时感到心里有什么东西像是离开了自己的躯壳。她不知道自己在喊什么,她只是下意识地竭尽全力想挽留住那个东西。

这时便衣们的枪声也响了,欧阳兰兰靠在楼梯的栏杆上坐着,已经被击毙。欧阳天和建军拔出枪向天桥上挣扎逃去。便衣警察们从上至下两个方向奋勇地追击拦截,喊声和枪声响成一片。欧庆春则反向地冲下去,她冲下去抱起了躺在台阶上的肖童,她哭喊着:"肖童,肖童!"肖童的面容一片宁静。他的胸口上全是血,嘴巴动了动,已经说不出话来。他把插在胸前衣服里的手拿出来,惨白的手上像花开一样点染着血的红色。那手上拿着厚厚的一卷钱,一卷簇新的美元,递到了庆春的怀里。他的嘴拼命翕动着,想要说什么,但是听不见声音。从他的表情和动作的配合上,庆春听懂他是在说这钱,他在说这钱是给庆春的,让她收好,收好。然后,他就不动了。市局的同志围上来,七嘴八舌地问着,七手八脚地抬起他来。战斗显然已经结束了。

庆春看见他们抬着肖童磕磕绊绊地飞快地向外跑去,有人打着手持电话呼喊着急救车。人们把庆春抛在身后,她孤独地伫立在天桥的楼梯上,手里拿着那一万美元,她知道她的肖童已经死了。

训练提示:《永不瞑目》是海岩生死之恋三部曲之一。人物塑造简单独特,人性剖析丝丝入扣,故事情节跌宕起伏。由于根据这本小说改编的电视剧深入人心,演播时人物形象总会十分具体清晰。我们这里选择的有声小说版本演播细致入微,十分生动,但语言节奏单一,略显刻板。海岩小说对人的描写功力大过对故事的设计,演播训练时要增加语言的张力,通过有声语言更好地诠释出对人性的刻画。

四、小说《何以笙箫默》片段

内容简介:大学时代的赵默笙对法学系才子何以琛一见倾心,开朗直率的她"死缠烂打"地倒追,与众不同的方式吸引了何以琛的目光,一段纯纯的校园爱情悄悄滋生。然而生活的安排却让两人因为误会而分开,赵默笙前往美国深造。七年后,成为摄影师的赵默笙回来了,再次遇到那个无法忘却的何以琛。这对分手七年的爱人,面对生活的种种困局,仍执着于爱情,感人至深。

第1章片段：重逢①

再次见到他，是在七年之后，一家拥挤的超市，到处挤满了周末采购的人潮。赵默笙独自推着购物车，艰难地在人群中走走停停。

刚刚从国外回来的她，还不太适应这样的拥挤，然而这样热闹而亲切的场面，却使她不自觉地带着微笑，几乎是用感激的心情聆听这嘈杂的乡音。她不知道别人刚刚回国是不是也和她一样，心里的激动和喜悦几乎无法抑制。

七年！久违了啊！但是，怎么刚回国就遇见了他呢？不，确切地说，应该是他们。默笙默默地看着站在蔬菜架前的那一双俪影，再一次领略了命运的奇妙。

---

① 推荐收听由叶子、可乐演播的《何以笙箫默》第1集 00:31 至 09:48。演播者对文稿进行了改编，所以演播作品与文稿略有不同。

七年之前，也正是他们，使她最终做出了出国的决定。现在他们一起来买东西呢，那么最终还是在一起了吧！还好她走得快啊，不然恐怕只会伤得更深。

何以琛、何以玫，她真傻，怎么会以为有相似的名字就一定是兄妹呢？"我们根本不是兄妹，以前我们两家是很要好的邻居，都姓何，所以大人就取了相似的名字。后来以琛的爸爸妈妈出了意外，我们家就收养了以琛。""你觉得你比得过我和以琛二十年青梅竹马的感情吗？""我今天是想告诉你，我爱以琛，我不想偷偷摸摸地爱他，我要和你光明正大地竞争。"

十九岁的那年，默笙生日的前一天，她一向文静内向的好朋友何以玫，突然勇气十足地对她这样宣言。一向温柔不与人争的以玫会这样说，一定是爱到了极点。可是她拿什么跟以玫竞争呢？就在以玫宣战的当天，她就败了，然后逃去了美国七年。何以琛——突然想到那日他冰冷的眉眼，绝情的言语，默笙的心有一丝抽痛，浅浅的，几乎难以察觉，却是存在的。他们向她的方向走来，默笙抓住推车的手指关节开始泛白，几乎立刻想要掉头。但超市实在是太挤了，推着购物车的她根本无法转身。而在下一刻她也想开了，为什么要逃避？她应该平静地对他们说："嗨，好久不见。"然后潇洒地走开，留给他们一个美丽的背影。更何况，他们也许根本认不出她来了。她变了好多，以前那头飘逸的长发已经变成了齐耳利落的短发，以前白皙的皮肤已经让加州的阳光晒黑。

穿着宽大的Ｔ恤、牛仔、球鞋的她，和以前的差距太大。

他们慢慢地，一步一步地走近，然

后……擦肩而过。不是不心痛的。若有似无的语声传来。"要不要买点牛奶?"以玫轻柔的声音。"……"回答却听不真切了。好怀念,以琛低沉如大提琴的声音,这些年在异国他乡,仍然时时处处在她耳边吟诵。失落,但也松了一口气,默笙抬起一直低垂的头,迈开步子。

"砰"的一声,购物车撞上了地上堆成一座小山似的减价肥皂。罪魁祸首赵默笙傻傻地看着几百块肥皂坍塌下来,场面颇为壮观。呃,她可不可以当作不是她干的?"天哪!这已经是今天第三次了。"

不知道哪里冒出来的超市管理员发出痛苦的呻吟。所以,这也不应该怪她吧,哪有人把货物堆在路中间的。默笙悄悄地吐吐舌头,努力地摆出一副愧疚的表情。这里的动静引起了周围人的注意,包括何以玫。她只是不经意地看向那个特别嘈杂的地方,然后呆住——是她,居然是她!以玫几乎不敢相信自己的眼睛。她,回来了?
"以玫?"何以琛不解她的反应,出声询问,眼光顺着她看去。高大挺拔的身躯瞬间僵硬。赵默笙!那一脸无辜垂着头的小女子可不正是赵默笙!脸上是百分百的歉意,眼睛里却闪着毋庸置疑的顽皮笑意。

　　远远的,其实看不大真切她的表情,但以琛就是知道。他一直都知道,她是这样,习惯搅乱一池春水后不负责任地离开,任性自私又可恶。整整七年……她还晓得回来吗?何以琛垂眸。"以玫,我们走吧!"何以玫惊讶地看着一脸平静的以琛:"你不想去打个招呼吗?也许……""她早已不是我生活中的人了。"波澜不惊的语调,仿佛真的没有什么。以玫细细地打量他的神情,却找不出蛛丝马迹,最后只得轻叹一声:"走吧!"最后一眼看向赵默笙,却发现她也正好偏过头来看到她,视线在空中相撞,默笙好像愣了一下,然后脸上浮现了浅浅的笑容,朝她点头致意。以玫慌忙回头叫:"以琛……""嗯?""她……"以玫愕然打住,再回首,川流的人群中已经没有了她的身影。"怎么了?""没、没什么。"以玫低头。只是,她明明就看见他了,为什么这么轻易地就走了?而以琛,也明明看见了她……没想到有朝一日会回到这里。主编面试的时候问她:"赵小姐,你为什么选择在Ａ城工作?"默笙突然不知道怎么回答。为什么呢?因为曾在这里念过一年多的大学?因为曾在这里认识他?因为曾在这里经受过很多很多?她开始也不知道,回国前第一个想到的就是这里,直到那天见到他才明白,她是想见他,虽然他已经不属于她,但是,她就是想看看他。只看看而已。"可能是因为不能回家吧。"默笙尴尬地说。主编奇怪地打量了她良久,留下了她,成了某女性杂志的摄影记者。然而主编过分地看重她在国外杂志工作的经历使她不安。"其实那只是一个小杂志社。"默笙这样对主编说。"哎!阿笙。"四十多岁的女主编亲热地叫着她的名字,"你是在夸奖我的博知吗?我居然连美国一个不起眼的小杂志社都一清二楚。"默笙笑了起来,不安也一扫而空。主编正色地说:"阿笙,我知道一个中国人在美国当一个摄影师多么的难,你必须比大多数白人更优秀。他们总以为我们中国人是没有艺术细胞的。"就这样安定下来,她仍然去那家超市购物,却再也没有遇见过他们。直到有一次,超市的保安叫住了她。"小姐,请你到保安室来一趟。"默笙一愣,直觉没有好事,报纸上有太多的关于超市保安强行搜身甚至打人的报道。默笙谨慎地盯着他,保安无奈地说:"小姐,我对你没有恶意,只是想问你一个月前有没有丢了东西。"一个月前她刚回国,难道她丢了什么自己也不知道?好奇地随他走进保安室,保安递给她一个黑色的皮夹。默笙不用看里面就知道不是自己的,笑着摇摇头说:"我想你弄错了,这不是我的。"保安出乎意料地固执:"你打开来看看。"她接过打开,然后看到了自己的照片。保安得意地说:"小姐,这是你的照片吧,虽然和现在差别很大,可我还是一眼就认出来了。"差别是很大,因为那是刚上大学时的入学照。她还是长长的头发扎成马尾,傻乎乎地笑着。怎么会出现在一个陌生的皮夹里?默笙把皮夹还给保安:"不好意思,这的确不是我的。"保安傻傻的:"照片上的人不是你吗?""是我,可是皮夹不是我的。""可一定是认识你的人的,小姐,说不定这个皮夹的主人暗恋你……"哎,谁说中国人没有联想力的?"可是……""你拿去吧拿去吧,一直没人来认领,放在这里我们也很难处理,交上去也是充公,还不如给你,你和皮夹的主人肯定有点关联。啊!说不定我还促成了一段美好姻缘呢……"保安沉浸在电视连续剧似的想象里。一个月前,大约也是她碰到何以琛、何以玫的时候,会是他掉的吗?怀着这样可笑的猜测,默笙把皮夹拿回了家。晚上洗完澡在床上仔细地研究它,简单的式样,名贵的牌子,现金不多,完全不能确定失主的身份。而那张照片,默笙小心地取出来,上面还有钢印的痕迹,应该是从什么证件上撕下来的。无意地翻过来,她突然怔住,背后有字!那潇洒凌厉得仿佛要破纸而出的字迹她一辈子都不会忘记。那是以琛的笔迹,用黑色钢笔写着——
my sunshine!

训练提示：这部小说的演播力求清新、阳光、美好。这里选择的有声小说版本,声音优美圆润,也比较流畅,人物语言感情丰富,形象感强。和人物语言相比,叙述显得速度略快,给人仓促之感。小说演播和影视配音最大的不同,就是有声语言不仅用来塑造角色,还要渲染气氛、陈述事实、铺排情节。更多的时候,这种叙述才是小说演播的重点。

五、小说《鹿鼎记》片段

内容简介：《鹿鼎记》是香港作家金庸的最后一部长篇武侠小说。小说创作于1969年至1972年间,以清代康熙年间的社会历史为背景,描写了出身于社会最底层的少年韦小宝的传奇经历。

第181回片段:鸿飞天外又冥冥①

韦小宝回到府中,坐在厢房里发闷。心道:"天地会众弟兄逼我行刺皇上,皇上逼我去剿灭天地会。皇上说道:'小桂子,你一生一世,就始终这么脚踩两只船么?'老子不干了!什么船都不踩了!"

他心中一出现"老子不干了"这五个字,突然之间,感到说不出的轻松自在,从怀里摸出骰子,向桌上掷过了出去,嘴里喝道:"要是不干的好,掷一个满堂红!"四粒骰子滚将出去,三粒红色朝天,第四粒却是六点,黑得不能再黑。他掷骰之时,本已做了手脚,仍是没成。他拿起骰子又掷,直到第八把上,这才掷成四粒全红,欣然说道:"原来老天要我给皇上干七件大事,这才不

---

① 推荐收听由连丽如演播的《鹿鼎记》第181回 00:00 至 14:25。演播者对文稿进行了改编,所以演播作品与文稿略有不同。

干。"心想:"七件大事早已干过了。杀鳌拜是第一件,救老皇爷是第二件,五台山挡在皇上身前相救驾是第三件,救太后是第四件,第五件大事是联络蒙古、西藏,第六件破神龙教,第七件捉吴应熊,第八件举荐张勇、赵良栋他们破吴三桂,第九件攻克雅克萨……太多了,太多了,小事不算,大事刚好七件,不多不少。"这时也懒得去计算哪七件才算大事,总而言之:"老子不干了!""一不做官,二不造反,那么老子去干什么?"想来想去,还是去扬州最开心。

一想到回扬州,不由得心花怒放,大叫一声:"来人哪!"吩咐亲兵取来酒菜,自斟自饮,盘算该当如何,方无后患,要康熙既不会派人来抓,天地会又不会硬逼自己一同造反。要公主陪着自己去扬州花天酒地,她一定不干,不过要去扬州开妓院,只怕苏荃、阿珂、方怡、沐剑屏、曾柔她们也不答应。"好,咱们走一步,算一步,老子几百万两银子的家产,不开家妓院也饿不死我,只是没这么好玩罢了。"

当晚府中家宴,七位夫人见他笑眯眯的兴致极高,谈笑风生,一反近日来愁眉不展的情状,都要问:"什么事这样开心?"韦小宝微笑道:"天机不可泄露。"公主问:"皇帝哥哥升了你的官吗?"曾柔问:"赌钱大赢了?"双儿问:"天地会的事没麻烦了吗?"阿珂道:"呸,这家伙定是又看中了谁家的姑娘,想娶来做第八房夫人。"韦小宝只是摇头。众夫人问得紧了,韦小宝说道:"我本来不想说的,你们一定要问,只好说了出来。"七位夫人停箸倾听。

韦小宝正色道:"我做了大官,封了公爵,一字不识,实在也太不成样子。打从明儿起,我要读书做文章,考状元做翰林了。"七位夫人面面相觑,跟着哄堂大笑。大家知道这位夫君杀人放火、偷抢拐骗,什么事都干,天下唯一有一件事是决计不干的,那就是读书识字。

次日一早,顺天府来拜,说奉上官谕示,得悉皇上委派韦公爷查究忠诚伯冯锡范失踪一事,特地前来侍候,听取进止。韦小宝皱起眉头,问道:"你顺天府衙门捕快公差很多,这些天来查到了什么线索?"那知府道:"回公爷:冯锡范失踪,事情十分蹊跷,卑职连日督率捕快,明察暗访,没得到丝毫线索,实在着急得不得了。今日得知皇上特旨,钦命韦公爷主持,卑职可比连升三级还要高兴。韦公爷是本朝第一位英明能干大臣,上马管军,下马管民,不论多么棘手的大事一到公爷手里,立刻迎刃而解。卑职得能侍候公爷办这件案子,那真是祖宗积德。卑职衙门里人人额手称庆,都说这下子可好了,我们大树底下好遮阴。韦公爷出马,连罗刹鬼子也给打得落荒而逃,还怕查不到冯大爷的下落么?"

韦小宝听这知府谀词潮涌,说得十分好听,其实却是将责任都推到了自己肩头,心想:"那冯锡范的尸首不知藏在哪里,今晚可得用化尸粉化了,别让把柄落在人家手里。只要没证据,谁也赖不到我头上。其实这尸首早该化了,这几天太忙,没想到这件事。但皇上面前又怎生交代?皇上交代下来的差使,我小桂子不是吹牛,可从来没有一件不能交差的。"那知府又道:"忠诚伯夫人天天派人到卑职衙门来,坐在衙门里不走,等着要人。卑职当真难以应付。昨天冯府又来报案,说伯爷的一名小妾叫什么兰香的,跟着一名马夫逃走了,卷去了不少金银首饰。倘若忠诚伯再不现身,只怕家里的妾侍婢仆,要走得一个也不剩了。"

韦小宝哼了一声,道:"这冯锡范不知

躲在哪里风流快活,你多派人手,到各处窑子里查查。他吃喝嫖赌的不回家,小老婆跟人逃走了,也算活该。"那知府道:"是,是。按理说,冯大爷倘若在花街柳巷玩耍,这许多日子下来,也该回去了。"韦小宝道:"那也难说得很。冯锡范这家伙是个老色鬼,可不像老兄这么正人君子,逛窑子只逛一天半晚。"那知府忙赔笑道:"卑职不敢,卑职不敢。"正在这时,忠诚伯冯夫人差了他兄弟送了八色礼物来,说要向韦公爷磕头,多谢韦公爷出力查案。韦小宝吩咐挡驾不见,礼物也不收。

亲兵回报:"回大人:冯家的来人好生无礼,临去时不住冷笑,说什么有冤报冤,有仇报仇;又说皇上已知道了这件事,终究会水落石出,旁人别想只手遮天,瞒过了圣明天子。回大人:这人胆敢到咱们门前撒野,小的当时就想给他几个耳刮子。"

当日法场换人,这名亲兵也曾参与其事,听得冯府来人说话厉害,似乎已猜到了内情,不由得心中发毛。

韦小宝做贼心虚,不由得脸色微变,心想:"这般闹下去,只怕西洋镜非拆穿不可。冯锡范给老子杀了,难道老子还怕你一个死鬼的老婆?"突然间想到了一个主意,登时笑容满面,向那知府道:"贵府不忙走,你在这里等一会儿。"回入内堂,叫来亲兵队长,吩咐如此如此。那队长应命而去。

韦小宝回到大厅,说道:"皇上差我干这件事,咱们做奴才的,自当尽心竭力,报答圣主。咱们这就到冯家大院去看看。"那知府一愕,心想:"冯锡范失踪,他家里有什么好看的?"口中连声答应。韦小宝道:"这桩案子十分棘手,咱们把冯家的大小人等一个个仔细盘问,说不定会有些眉目。"那知府道:"是,公爷所见极是。卑职愚蠢得紧,始终见不及此。"其实以他小小一个知府,又怎敢去冯家详加查问?同时顺天府衙门中自上至下,人人都知冯锡范是抚远大将军韦公爷的死对头,此人失踪,十之八九是韦公爷派人害死了。韦公爷是当朝第一大红人,兵权印把子,哪一个胆边生毛,敢去老虎头上拍苍蝇?办理这件案子,谁也不会认真,只盼能拖延日子,最后不了了之。这时那知府心想:"韦公爷害死了冯锡范,还要去为难他的家人。那冯夫人也真太不识相,派人上门来胡说八道,也难怪韦公爷生气。"韦小宝会同顺天府知府,坐了八人大轿,来到冯锡范家,只见数百名亲兵早已四下团团围住。

训练提示:《鹿鼎记》是金庸的封笔之作,也是他武侠小说的巅峰之作。连丽如是我国著名评书表演艺术家,是我国评书演员演播小说第一人。我们这里选择的片段兼具评书表演特点与金庸语言风格,无论人物还是情节,刻画皆惟妙惟肖。评书这种可听可看的传统语言艺术形式,对于小说演播来说,有很大的借鉴意义。

六、小说《陆犯焉识》片段

内容简介: 陆焉识本是上海大户人家的少爷,聪慧过人,风流倜傥。父亲过世后,无奈中娶了继母娘家侄女冯婉喻。没有爱情的陆焉识很快出国留学。毕业回国后的他开始了风流得意的大学教授生活,也开始了在风情而精明的继母和温婉而坚韧的妻子的夹缝间尴尬的家庭生活。

20世纪50年代,陆焉识因其出身和不谙世事的张扬而成为"反革命",在西北大荒漠上改造了二十年。枯寂中对繁华半生的反思,使他确认了内心对婉喻的深爱。"文革"结束后,饱经思念之苦的陆焉识回到家中,却发现:一生沉沦的儿子一直排斥和利用他,才貌俱佳的小女儿对他爱怨纠结,唯一苦苦等待他归来的婉喻已经失去记忆。

第 55 章片段:青海来信[①]

冯婉喻和子烨、丹珏一起吃晚饭。

"明天写封信给老头子吧,"做哥哥的子烨说,"让他先在青海找个地方住下来。租个房子应该能租到吧?"

丹珏用筷子挑起一团糊粥,放进嘴里,声音从粥后面出来:"那你写好了。我不写。"

"我写老头子要不高兴的。"

"他反正要不高兴的。我们不让他回上海,他高兴什么?并且你要找个道理跟

---

① 推荐收听由王明军演播的《陆犯焉识》第 55 集00:33至12:14。演播者对文稿进行了改编,所以演播作品与文稿略有不同。

他讲,为什么不让他回来。我找不出这个道理。你写。"

"你就告诉他,他在监狱里不了解外面情况,外面其实紧张得很,政治运动说来就来,我们活到今天不容易,不要给我们再找麻烦。政府又没有跟我们书面认错,说当时捉他进去是错的,过两天又来运动了,再把我们算成敌属我们找谁去?"子烨说。

"那你就给老头子写呀,把这些道理告诉他呀。"

"我告诉你,是请你来写。"

"为什么一定要我来写呢?你这个人滑稽吗?"

婉喻突然把筷子一放:"我来写。"她脸上两片红晕。一个七十多岁的老女人会如此羞愤,她的一对儿女马上掉开脸,不敢看她。焉识是她婉喻的一部分,任何人多余焉识,就是多余她。人一老,对于自己是不是被别人多余最为敏感,他们整天都在看儿女们甚至孙儿孙女们的脸色,看看自己在他们生活里的定位错了没有,错了就是多余。没有比发现自己多余更凄惨的事,慢说被多余的是比自己性命还要紧的儿女。

"我给你们的爸爸写信,就告诉他,我搬出去了就接他回来。我会想办法租房子的。"

母亲这一席话马上让丹珏哭起来。一家子总是这样:你觉得你可憋屈够了,他觉得憋坏了的正是他。这就是女儿和母亲都觉得生不如死的时候。丹珏现在跟谁都不会掉泪了,除了她觉得受了母亲的委屈。她又是抽泣又是指控,这么多年难道不是她丹珏在陪伴母亲,和母亲相依为命相濡以沫?也总是这样,这类话一说开,你欠她情、她负你债的意味就暗示出来了。

婉喻看着兄妹俩,明白一直以来她给自

己定错了位。原来家里的主人一直不是自己,连每个礼拜天带着老婆孩子来吃一顿不交钱的中餐的冯子烨都比婉喻有资格做这房子里的主人。他们为了父亲牺牲得太多了,为了母亲也牺牲得足够了。当然,每当这样的家庭控诉大会发生,事后大家都会重归于好。就像天下所有的长辈和晚辈一样。

  婉喻这次却记了仇。等到第二天,大家以为一切又重归于好了,婉喻悄悄地给焉识写了一封很长的信。她已经很久没有静静地给自己研磨、镇纸,如同一种感官享受那样将狼毫笔若虚若实地落在宣纸上。光是这写的方式已经决定了婉喻的信的特色,它的不可取代的"婉喻性"。光是这样的一点一画,一撇一捺就已经属于她的表白:触觉的、神色的、内心的。她写下这么多年来她的思念之苦,写下她对他从未间断的诉说,还写了东一点西一点的回忆。

我祖母写给我祖父的信非常优美。可惜我们再也不会有那样优美的情愫和表达方式了。灭绝了。但是我祖母婉喻在这封信里的回忆很多都是错的。据我祖父说,事情不是那样的,没有那样美好,他不像她写的那么美好。婉喻颠三倒四的走样的记忆一方面由于她的记忆是主观的,因为她一厢情愿地去那样记忆事物;另一方面,因为就在她给我祖父写那封信的时候,她的失忆症已经开始。我不愿意叫它"老年痴呆症",我觉得她的病和老年没有必然关系,似乎她宁可篡改记忆,最终把记忆变成了童话。谁也不能说满脑袋童话的人是老年痴呆。

婉喻在那封长达六页纸的精美书信上告诉我祖父,她一定会以一个新家来迎接他回来。从此以后,焉识的回信她都藏起来,不再让丹珏和子烨看。焉识在信里让婉喻别急,他会等待的,这么多年都等待了,不急这一会儿。

　　我小娘娘冯丹珏在那天痛哭控诉之后,不久就恢复了一个科学家的冷静。她知道自己和哥哥的话伤了母亲的心。那之后一个阶段,她对母亲非常温柔体贴。她的小心翼翼让她和母亲陌生起来,因此她便更加小心翼翼。几个月后,她在里弄的墙上发现了一张油印的调房启事:某人愿意以一套两卧室的房子调换两间分开的房间,有没有客厅都无所谓,亭子间也行。下面留的电话是一个陌生号码,这个想调房子的人显然是甘愿吃亏的。启事是印在那种桃红色、菲薄的劣等纸张上,似乎"针灸治疗痔疮","最新脚气灵批发",或者"大米换山芋干"的启事都是印在这种纸张上。丹珏去上班,看见公共汽车站也贴了好几张同样的桃红调房启事。汽车站人山人海,丹珏决定走一站路到终点站去乘车。

一路步行过去,每一根电线杆上都贴了一张桃红调房启事。此人一定是急疯了要结婚,把自己跟家人分开,宁可去住亭子间。

丹珏在实验室突然想到母亲那天说的话:"我会想办法租房子的。"不得了,无数桃红调房启事后面,那个急疯了要调房结婚的人可能就是冯婉喻!

她给哥哥子烨打了电话,把调房启事的事情告诉了他。子烨看得比妹妹严重:一旦母亲独立门户,给她和陆焉识做主的就是婚姻法,恋爱不分早晚,婚姻自主不分老少,晚辈们就再也干涉不了他们。政治运动一来,说不定人民和政府发现放错了人,再来一场大逮捕把他捉回去,一切都会从头走一遍,陆焉识就成了法律上的父亲来毁坏他儿女们、孙儿女们的生活。冯子烨自己可是个好父亲,他大半辈子保持平庸,争取不拔尖不卓越,同时掌握防人和攻击人的能力；他从不愿给孩子们做个才智学识过人的父亲，而是给他们做一个世俗的大众化的父亲，因为这样的父亲安全，容易让大众认同，他给予儿女们的父爱也才安全，源源不断，不会被某个政治运动截断或剥夺。

丹珏说，母亲想跟父亲结婚，谁也不该拦，谁也拦不住。母亲有为人妻的愿望，她也有这份权利。子烨让妹妹别急，容他想想，多难的事情他这辈子都碰到过，没有他想不出对策的。

在家里，婉喻一如既往地去居委会开会，到各个里弄宣传文件，动员学习。她唯一的变化是比过去更加安静。她的安静中添出一种满足，就是那种"增一分则多减一分则少"的满足。桃红色的启事被雨水冲掉了艳丽，但马上就有新的贴上来。连丹珏大学门口，也出现了同样的桃红纸张。

一个急于给自己搭窝、筑洞房的人才会这样干啊。丹珏多次想问婉喻,调房子的启事是你贴出去的吗?但是话到嘴边她又觉得不可能。婉喻像干那种事的人吗?差点把全上海都贴成桃红的了!

训练提示:《陆犯焉识》写了三个时期:1954年前,1954年至1976年,1976年后。叙事核心是1954年陆焉识因不识时务,在"肃反"中被投入大牢,后又判为无期,投入西北荒漠劳动改造,直至"文革"结束。这个片段多为语言和心理活动,演播时要注意在娓娓道来的平实语言中酝酿情绪,节奏稳健,情绪饱满深沉。

第四章　广播剧演播

第一节　理论概要

一、广播剧的定义

广播剧,专供广播电台播送的戏剧。①

广播剧,是适应电台广播的需要而产生的一种艺术形式,没有可视组件,主要由播音员或配音演员所演出的戏剧。广播剧以人物对话和解说为基础,充分运用音乐伴奏、音响效果来加强气氛,其中人物对话是推动剧情发展的主要手段。

---

① 《现代汉语词典》,商务印书馆 2012 年第 6 版,第 486 页。

广播剧演播是一项表演工作,是演播者运用有声语言塑造人物、情节、景物、场景、剧情等的艺术创作活动。

二、广播剧演播的创作技巧

与小说演播类似,广播剧演播要求演播者兼具较强的讲解叙述能力和丰富的人物语言造型能力。广播剧是看不见的戏剧,语言是唯一的表现手段,听众看不到任何表情和动作,所以广播剧演播对语言表现力的要求很高。可以说,广播剧演播是表演色彩异常浓烈的有声语言艺术。

1. 团队合作,重在人物

小说演播可以一个人独立完成,也可以两人合作。广播剧演播通常是由多人共同完成的。小说演播重在叙述,广播剧演播则强调人物。一部完整的广播剧中的旁白叙述比起人物语言,用"微乎其微"来形容也不过分。广播剧中的人物语言形象更加饱满、立体、可感,语言冲突更加激烈、真挚、生动。

2. 语言、音乐、音效,共同协作

可以说,广播剧是没有画面的完整戏剧。正因为没有画面,它的其他组成要素便更加突出和鲜明。一切作用于听觉的创作手段,有声语言、音乐、音响效果的相互配合,在广播剧中是极为重要的。

小说演播也可以辅以音乐、音效,但其更重叙述的特征,使这些听觉要素的加入更像是为了避免叙述语言的单一而存在的。当然,小说演播也可以没有音乐和音效,比如第三章训练材料中《鬼吹灯》片段,艾宝良先生演播的版本就是只有有声语言的小说作品。但广播剧不能没有音乐和音效这两大要素。

第二节　训练材料及训练提示

一、广播剧《花枝俏》片段

内容简介：这是一部描写第一届全国道德模范文花枝的广播剧。文花枝,女,1982年生,汉族,中共党员,本科学历,湘潭大学旅游管理学院本科学生。她出生在湖南省韶山市大坪乡一个普通农民家庭,是湘潭新天地旅行社一名青年导游。2005年8月28日,一场旅游途中突如其来的车祸,让原本充满欢声笑语的车厢顿时陷入极度的恐慌之中。旅游大巴车被撞得严重变形,她被压在座位最前方。危急时刻,车厢里传来导游文花枝"挺住！加油！"的鼓励声。这个声音虽然微弱,却透着一股沉稳、坚定。救援人员赶到后,重伤的她一直牢记着自己的神圣职责,坚持先救游客后救自己。在长达两个多小时的救援时间里,她多次昏迷,但只要一醒过来,就不停地为大家鼓劲、加油。文花枝是最后一个被救出来的,由于延误了宝贵的救治时间,医生不得不为文花枝做了左腿截肢手术。她的事迹感动了全国人民,被评为第一届全国道德模范,获得100位新中国成立以来感动中国人物等多项荣誉。

片段:车祸发生

[车内]
[紧张不安的音乐]
[一片痛苦的叫声]

旁　白:当文花枝醒过来时,车厢里一片惨状,大客车已经被撞得变了形。文花枝想站起身来,但是她的双腿被死死地卡住了,剧烈的疼痛使她差一点又晕了过去。但是,导游的职责使她意识到,自己不能晕倒,必须尽快营救遇难的乘客。于是她拿出手机,艰难地报了警。

[按手机键声音]

120警:这里是120报警中心。

文花枝:(艰难地、断续地)我……我们发生了车祸。

120警:(急切地)在什么地点?

文花枝:潼川……潼川县境内的一个……一个大弯道。

120警:情况严重吗?

文花枝:非常严重!

120警:我们马上就到。

[对方挂机]

旁　白:剧烈的疼痛使文花枝又一阵眩晕,但她咬牙忍住疼痛,又给自己的旅行社打了一个求救电话。

文花枝:文总,我……我们的车,被撞了。快……快来人……

[紧张的音乐]

旁　　白：这时的车内,到处是痛苦的喊叫声。

游客甲：哎哟,疼死我了。

游客乙：我的腿动弹不了了,救救我呀!

……

文花枝：(大声)各位伯伯、叔叔、大哥、大姐,大家不要慌!

众　　人：导游,我们怎么办? 就这么等死吗? 我们还有救吗? ……

文花枝：大家安静一下。我已经打了求救电话,救援人员马上就到,大家一定要坚持住,我们一定能活着出去! 大家加油,等待救援,坚持! 坚持!

众　　人：我们坚持!

旁　　白：旅行团的游客来自四面八方,不论你职务高低,在旅行团中,导游就是天然的组织者。特别是在遇到困难的时候，导游更是大家的主心骨。车祸发生以后，文花枝那充满信心又异常镇定的喊声，使那些被突如其来的巨大灾难吓得惊慌失措的游客，特别是那些被伤痛折磨得痛苦不堪的游客，顿时镇定了下来。他们在文花枝不断的鼓励下，相互照顾，相互鼓励，坚持着、等待着救援。文花枝的喊声，就像一盏希望之灯，给了他们信心。几位当时的亲历者，是这样讲述当时的情景的。

［电子转场声］

万众一：（自述）我叫万众一，是那天车祸中的游客。

［撞车声］

［紧张不安的音乐］

[一片痛苦的叫声]

万众一：我醒过来以后,看到车内的景象真是惨不忍睹,到处是血肉模糊,到处是痛苦的叫声。我感到浑身疼痛,而且呼吸困难,因为我身上居然压着两个被撞过来的人!当时我害怕极了,感到我要死了,当时心里首先想到的就是找导游。于是我马上喊了起来。

万众一：(大叫)导游!导游呢?快来帮帮我!

众　人：导游——导游,快来救救我呀!

文花枝：我……我在这里。我也受了伤,被卡住了。

万众一：我们不能就这么死去呀!

众　人：是呀!那怎么办呀?

文花枝：我已经报了警,大家坚持一下,警察和救护车很快就会来的。大家加油,挺住!叔叔伯伯们,你们一定要坚持住,我们一定能活着出去的!

万众一:(自述)我当时一听导游那么镇定,心里就踏实了。因为出门旅游,导游就是我们的一切,导游在我们就有了主心骨。真想不到,我一个大男人都撑不住了,人家导游一个女孩子还在鼓励大家坚持。

[电子转场声]

[撞车声]

[紧张音乐]

[一片痛苦叫声]

谢冬华:我是谢冬华,当时我也听到了小文导游的喊声。当时车被撞得完全变了形,车里的人被撞得乱七八糟地扭在了一起。有的已经死了,有的还剩下一口气,车厢里到处是血。

当时救援人员还没有赶到,全车的人都很绝望,觉得是在等死。我当时也非常恐惧,这时,小文导游的喊声一下子给了我们希望。

文花枝: 大家一定要坚持住,救援人员马上就会赶到,大家都会被救的。加油啊,大家一起加油,我们一定会没事的,请大家相信小文,我是你们的导游,我一定会帮助大家活着出去的!

众　人: 有小文导游在,我们就有希望了。

谢冬华: (自述)大家听了小文导游的话,心里都踏实了很多。要知道,这个时候导游就像是我们的指挥官,就像是领导,有她在,我们就安心了许多。

[救援现场]

[警车、救护车鸣笛而来,急刹车]

[一片抢救声,器械声]

[快速的音乐]

旁　白:潼川县交警大队的警车和救援人员很快就赶到了现场,带队的是大队长王刘安。

王刘安:我的天呀!我是一名老交警了,处理过无数次车祸,没见过这么严重的!

（指挥）来!你们先把车门破开,最快速的救人方法就是打开车门。

众　人:是!

[破门效果]

警　察:队长,车门破开了!

王刘安:上车救人!

众　人:是!

[上车]

王刘安:（大叫）来人,把门口这个姑娘救出来!

众　人：来了。

文花枝：先别救我,我是导游,先救游客。

王刘安：(意外,一愣)啊?! 先……先不救你? 可你也伤得不轻啊。

文花枝：你们先去救游客,我伤得不重,先去救游客要紧。

王刘安：真的不重?

文花枝：真的,你看,我还能笑呢!(笑)

旁　白：文花枝强忍着伤痛努力做出的一笑,迷惑了王刘安。他以为文花枝真的伤得不重,就带人冲向车内,抢救其他伤员。

众　人：(救护)

[快节奏音乐]

旁　白：伤员一个个被抬下了车。文花枝的座位就在车门边上,当一个个伤员从她的身边抬下车时,文花枝总是给他们一个微笑,虽然这微笑的背后是巨大的疼痛和死亡的临近；救援人员一次次地往返于车上车下，每次都要经过她的身边，总有人要救她，但文花枝总是微笑着拒绝。

文花枝： 别管我，我是导游，先去救游客，他们更需要你们。

旁　白： 救援过程持续了两个多小时，文花枝被卡在座椅上等了两个多小时。随着时间的推移，文花枝越来越虚弱了，她的声音也越来越细弱。当地一位自愿加入救援行列的老农看到文花枝越来越虚弱，要把她救下去。

老　农： 姑娘，车上人救得差不多了，我来救你吧，你看你伤成啥模样了呢。

文花枝： 大爷，我年轻，挺得住！您还是先救游客吧。

老　农：(焦急、不安地)姑娘,你都伤成这模样了,还叫我去救别人,你叫老汉我这心里……

文花枝：大爷,我是导游,我最后一个下车。

老　农：好好。哎呀,这姑娘,心咋这么好呢!

警　察：(在车下)队长,伤员都救下车了。

王刘安：(在车下)都救下来了吗?

警　察：都救下来了。

王刘安：车门口那个小导游呢? 你们谁救的她?

众　人：我没有。

我也没有。

王刘安：快上车!

［众人登车］

王刘安：导游——导游——

老　农：姑娘姑娘,你咋不动了? 你睁睁眼呢!

王刘安：摸摸她的鼻子,看还有气没有?

警　察：是。队长,她……
老　农：唉,这姑娘,没气了。
王刘安：(长叹一口气)唉——

训练提示：与小说演播不同,广播剧通常由多人配合录制完成,更像是一部可以完全不看画面就可以听懂的影视剧。旁白、独白、对话、音乐、音效是广播剧构成的要素。这个片段要注意把握热情赞颂的基调和紧张的节奏。

二、广播剧《诚信如山》片段

内容简介：这是一部描写全国诚实守信模范武秀君的广播剧。武秀君,辽宁本溪满族自治县南甸镇滴塔村的一名普通农家妇女。2002 年她丈夫突遇车祸离开人世,留给她羸弱的老人、幼小的孩子,还有高达 270 万元的巨额债务。她毅然走上了养家糊口、替夫还债之路。最终,她替去世的丈夫归还了欠款,用毅力和真情告诉我们诚信的含义。2007年9月18日,在以"道德的力量"为主题的全国道德模范颁奖晚会上,共评选出53名全国道德模范,武秀君当选为全国诚实守信模范。

片段:下定决心

旁　白:听众朋友,今天我为您讲述的是发生在一个普通农村妇女身上的不平凡的故事。这个故事的主人公叫武秀君。武秀君和丈夫赵勇生活在辽宁省本溪市一个偏远的山村,上有公公婆婆,下有两个儿子。丈夫赵勇有一个工程队,多年来一直在外承包工程,家里的日子过得富足、平静。而且,夫妻俩关系融洽、感情恩爱。然而,2002年12月14日下午,一场灾难打破了这个家庭的平静。

[汽车急刹车声]

[汽车刹车后长长的滑行声]

[汽车剧烈的翻到沟里声]

旁　白：武秀君的丈夫赵勇在一起车祸中失去了生命!

[突起沉重的音乐]

旁　白：然而,就在武秀君还没有从失去丈夫的悲痛中清醒过来时,另一个巨大的打击又降临在她的头上,那是一个令常人难以想象的灾难。

[武秀君家中]

[音乐延续]

[老式座钟声]

[姐俩悲伤地收拾东西声]

旁　白：武秀君和姐姐在处理赵勇的后事时,发现了一个小皮包。

姐　姐：秀君,秀君,这有一个小皮包。

武秀君：小皮包?

姐　　姐:你不知道?
武秀君:赵勇生意上的事我从来不过问,不知道。
姐　　姐:那你快打开看看吧。
[打开皮包]
武秀君:(奇怪)咋都是些纸片呀?
姐　　姐:(拿起看,大惊)哎呀,秀君啊,这哪里是什么纸片啊,这可都是赵勇的欠条啊!
武秀君:啊! 欠条?
姐　　姐:是啊,这纸上写得清清楚楚的! 你看,这是欠银行贷款的,这是欠材料费的,这是欠运输公司运输费的,这是欠工人工资的……
武秀君:(急切)哎呀,我看看。(一张张地看)哎呀,姐,哎呀,咋这么多的欠条呀?
姐　　姐:要是铺开能铺满这一炕。

武秀君：姐呀，你看，这上面咋尽是十几万、几十万的呀？

姐　姐：秀君，快数数，看看一共欠了多少账？

武秀君：哎。

［一阵计算器声］

［突起剧烈、沉重、悲伤的音乐］

旁　白：经过计算，一个惊天的数字出现了，赵勇一共欠账270多万元！

武秀君：（大哭）姐呀，这可咋整呀！270万！我就是不吃不喝也还不上呀。

姐　姐：（也哭）别说你不吃不喝，就是你一家老小不吃不喝，就是下辈子，这账咱也还不上呀！

武秀君：天呀，这可让我咋活呀！（大哭）

［姐俩痛哭］

［悲伤的音乐］

武秀君：（哭）姐呀，这么些账都落在我的头上了,你说我该咋做呀?咱爹妈死得早,我是你一手带大的,你可给我拿个主意。

姐　姐:秀君呀,人要是遇上大事,这心里可得有主意,那主意还得硬。秀君,听姐姐的。

武秀君:姐,我听你的,你说吧,啥主意?

姐　姐:现在欠账不是啥新鲜事。要说呢,欠账还钱是天经地义的事,可摆你身上就不是这样了,秀君这可是270多万呀。你拿啥还呀?

武秀君:姐,你的意思是……咱不还这账了?

姐　姐:不是咱不还,是咱还不起!你说你一个农村人,又是个女人,你拿啥去还?还别说你,就是那些个大老板不也是欠人家的钱不还吗?秀君,活着的人都不还,赵勇不在了,你还认这账干啥呀?

武秀君: 姐呀,赵勇生意能一天天红火起来,靠的是讲信誉;银行、信用社肯贷他款,建材商肯让他赊账,也是看他是个讲信誉的人。他为人厚道、老实,从来没让人说个"不"字。咱要是欠账不还,咋对得起赵勇呢?

姐　姐: 我的傻妹子呀!现在不比从前了,现在欠账的是爷爷,要账的倒是孙子。

武秀君: 姐呀,我不能这么做。咱做人要有人格,守本分,讲信誉,才能赢得世人的尊敬。同时也为孩子树立一面诚信的旗帜。再说,我也得维护赵勇的名誉呀。

姐　姐: 维护他的名誉?

武秀君: 对,赵勇凭信誉欠下的钱我不能不还,不能让他在九泉之下受到世人的谴责。这样做也是珍惜我们俩的感情。

训练提示:这个广播剧片段由三个女声完成,也可以一男两女。重点是通过有声语言刻画武秀君温柔而又坚韧的品格,准确拿捏痛失丈夫又欠巨款这一特殊语境下的特定情绪。

三、广播剧《青鸟》片段

内容简介:《青鸟》是莫里斯·梅特林克最著名的代表作,是一部象征主义剧作。作品讲述了两个伐木工人的孩子代表人类寻找青鸟的故事。本书中,青鸟就是幸福的象征。通过他们一路上的经历,象征性地再现了迄今为止人类为了寻找幸福所经历过的全部苦难。作品中提出了一个对人类具有永恒意义的问题:什么是幸福?

片段:圣诞夜

旁　白:从前,在一片古老的大森林边上,有一座小屋,里面住着一个伐木人和他的妻子。他们有两个孩子,十岁的蒂蒂尔(男)和六岁的米蒂尔(女)。蒂蒂尔家的小屋,在这一带的乡下是最破旧的,而对面恰好是一座有钱人的豪华别墅,从小屋的窗户望出去,里面的动静看得一清二楚。

圣诞节的前天晚上,妈妈像往常一样,安置孩子们上了床,可她的晚安吻却比平时更亲热。她有些难过,因为风雪的原因,蒂蒂尔的爸爸没法去森林里砍柴,他也就没钱买礼物装进蒂蒂尔和米蒂尔的圣诞长袜里。孩子们很快睡着了,除了猫的叫声、狗的喊声和老挂钟的滴答声,一切都归于静寂。

[钟表声]

> 可是突然,一道光穿透了窗户,桌上的灯自己亮了起来。蒂蒂尔谨慎地喊了一声。

蒂蒂尔:米蒂尔?

米蒂尔:蒂蒂尔,今天是圣诞节,对吗?

蒂蒂尔:是明天。可圣诞老人今年不会给我们带什么东西来了。

米蒂尔:为什么?

蒂蒂尔:我听妈妈说,今年他会很忙,他要到有钱孩子家里去。不过明年他一定会来的。

米蒂尔:明年还早着吧?

蒂蒂尔:嗯。瞧!妈妈忘了熄灯!还有对面圣诞树的灯光,我们起床把窗子打开吧。

米蒂尔:那怎么行?!

蒂蒂尔:当然可以,反正就我们俩。我们起

来吧。

旁　白：两个孩子起了床，朝一扇窗跑去，他们爬上凳子，推开百叶窗。两个孩子贪婪地往外看着。

蒂蒂尔：别挤，别挤，你把地方全占了。

米蒂尔：可我一点儿地方也没了！

蒂蒂尔：别说了，看！对面的圣诞树！

米蒂尔：挂在树枝后面金闪闪的是什么东西？

蒂蒂尔：那是玩具啊！刀呀，枪呀，士兵大炮还有玩具娃娃。

米蒂尔：那满桌子都是什么呀？

蒂蒂尔：是点心、水果、奶油果酱馅饼。

米蒂尔：他们干吗不马上就吃？

蒂蒂尔：因为他们不饿。

米蒂尔：（惊讶）他们不饿？为什么会不饿？

蒂蒂尔：他们想吃就吃。

米蒂尔：（怀疑）天天这样？

蒂蒂尔：听说是的。

[敲门声]

蒂蒂尔：(猛然住口，害怕起来)怎么回事？

米蒂尔：(惊惶失措)是爸爸！

旁　白：正在他们犹豫不敢去开门的时候，只见门闩吱吱嘎嘎地自动举起，门稍稍打开一点，闪进一个身穿绿衣、头戴红帽的小老太婆。她驼背、瘸腿、鼻子和下巴几乎凑到了一块儿，拄着一根拐杖。蒂蒂尔他们一看就知道这是位仙女。仙女走到孩子们的跟前，用感冒了似的声音说——

仙　女：你们这儿有没有会唱歌的青草和青鸟？

蒂蒂尔：我们这儿有青草，可是不会唱歌。

米蒂尔：蒂蒂尔有一只鸟。

蒂蒂尔：可是我不能送人。

仙　女：为什么不能送人？

蒂蒂尔：因为那是我的。

仙　女：当然这是个理由。这只鸟在哪儿？

蒂蒂尔：(指着鸟笼)在笼子里。

仙　女：(戴上眼镜看鸟)我不要这只，颜色不够青。我要的那种，你们一定得给我找来。

蒂蒂尔：可我不知道鸟儿在哪里呀……

仙　女：我也不知道在哪里，所以得去找来。我可以不要会唱歌的青草，但我非得要青鸟不可。这是为了一个小姑娘，眼下她病得很厉害。

米蒂尔：她得了什么病？

仙　女：说不准是什么病，她想得到幸福。你们知道我是谁吗？

蒂蒂尔：您有点像我们的邻居贝兰戈太太。

仙　女：(突然恼火)压根儿不像，毫无关系，真叫人恶心！我是仙女贝丽吕娜！对了，你们愿意帮她吗？

兄　妹(合)：我们愿意。

仙　女：那你们得马上出去找鸟。我这就给你们一项有魔法的小帽。喏，就是这顶帽子。

蒂蒂尔：哇！好漂亮的帽子！帽徽上这亮闪闪的是什么？

仙　女：是使人心灵明亮的大颗钻石。只要把这顶帽子戴在头上，从右到左稍稍转动一下钻石就行。

蒂蒂尔：没有坏作用吧？

仙　女：恰恰相反，心灵明亮会让你可以马上看到事物里面的东西，就是他们真实的样子，比如说，面包、火、胡椒这些东西的灵魂。

米蒂尔：糖，我们爱吃的糖也能吗？

仙　女：(突然发火)那还用说！而且这帽子你只要戴在头上，谁也看不见。你要试试看吗？(她给蒂蒂尔戴上帽子)现在你转一下,转一下就会出现神奇的事情。

旁　白:蒂蒂尔刚转了一下钻石,垒墙的石头块闪烁发光,像蓝宝石一样发出蓝幽幽的光芒。

米蒂尔:为什么墙壁这样明亮?是糖做的还是宝石垒成的?

仙　女:凡是石头都是宝石,就像每一个孩子都是天使一样。

旁　白:就在他们说话的时候,仙术继续显现。胖乎乎的面包先生撒满面粉,慌慌张张地从大面包箱里溜出来,围着桌子欢跳,火从炉灶走出,笑成一团,紧追着面包。

蒂蒂尔:这是面包,那个气味难闻的大汉是谁呢?

仙　女:嘘!……小声点儿,这是火……他脾气很坏。

旁　白：仙术仍在继续显现。蜷伏在衣柜脚下的狗和猫,同时发出一声大叫,狗马上奔向蒂蒂尔,使劲拥抱他,同他亲热,发出很大的响声,而猫则先理理头发,洗洗双手,捋捋胡子,然后走近米蒂尔。

训练提示：这是一部儿童广播剧。在影视动画片配音中,由于声音条件所限,卡通形象无论男女小孩儿,大多由女性配音演员配音。但是在儿童广播剧的录制中,小孩儿的角色通常由适龄的同性别儿童配音。播讲时要有足够的对象意识,控制自己的语速,把握与孩子交流沟通的情感状态和语言节奏。

四、广播剧《雪山忠魂》片段

内容简介：《雪山忠魂》是描述第二届全国道德模范谭东的广播剧。谭东,男,汉族,中共党员,生于 1963 年 4 月 14 日,四川遂宁市人,三级警督。他生前是大邑县公安局交警大队事故预防处理中队西岭执勤组组长。2008 年 12 月 29 日,谭东同志因抢救落水群众身患重感冒,仍继续坚持工作。2009 年 1 月 5 日晚,因感冒和劳累过度突发病毒性心肌炎倒在工作岗位上,抢救无效,于当日夜间牺牲,年仅 45 岁。

片段:下水救人

[电话铃声]

谭东: 喂,我是谭东,什么? 一辆轿车冲进河里去了,司机现在很危险? 你不要着急,说清楚一点! 好,我马上赶到!

[警车由远及近的声音、停车声]

群众: 警察来了,警察来了!

谭东: 哎,老乡们往后退一点,注意安全。

群众: 警察同志,你可来了! 这人估计快不行了。

谭东：小杨，把手电筒递给我！

[流水的音效推大]

群声：这么深的河道。

我看，这里路面得有四五米深哪。

你看这水流多急！啊，这司机被水冲到哪去了？

这就是个好人故意跳下去，也危险呢，更别说翻车下去了。

这么深的河道，这么急的水，这大晚上的一点光都没有，谁敢下去啊？

凶多吉少啊，凶多吉少。

谭东：小杨，看看那车，是整个头朝下栽下来的？

杨杰：嗯！

[开车门检查车辆的声音]

杨杰：谭哥，车翻在河道里，可司机人哪？

谭东：这附近没有，一定是被河水冲走了，别急，咱们顺着水流的方向往下找。

杨杰:好。

[流水的声音]

祝林:(微弱的)救命啊!救命啊!

谭东:小杨,你听,拿手电往那边晃晃,给他一个信号。

祝林:救命啊!

杨杰:在那儿,在那儿,谭哥你看!

谭东:小杨,快!去车上把救生绳拿过来!

杨杰:哎。

谭东:(向底下喊)别怕!坚持住!我是警察,我来救你!坚持住!

杨杰:(气喘吁吁的)谭哥,绳子。

谭东:(向下喊)下面的司机你听着,我把绳子放下去,你抓紧了,我们把你吊上来!(对周围)来,小杨,咱们把绳子放下去,抓紧了。

[流水声音强,稍延长,弱]

杨杰:谭哥,底下没动静啊!

旁白：此时的落水司机祝林泡在水流湍急的河渠里，河渠的两壁用水泥糊得笔直，没有缝隙可以攀爬，而且长满了青苔。积雪融化汇成的河水即使在夏天碰一下都会让人觉得冰冷刺骨，更别说在这寒冬腊月整个人都浸泡在里面。刺骨的雪水几乎要把祝林冻僵，他死死抓住渠堤上垂落下的树根，根本无力再抓住谭东扔下的绳索。

杨杰：底下的司机，你抓住绳子，我们拖你上来！

群声：这还是没动静啊。

这个天这么冷的水，怕是冻僵了吧。

嗯，估计冻的手都动不了了。

这还能坚持多大会，别一会儿给活活冻死了吧……

杨杰：底下的司机，我们拖你上来，请抓住绳子……

谭东：小杨,把绳子升上来。

杨杰：谭哥?

谭东：(向下喊)底下的司机,你坚持住!抓紧树根千万别松手,坚持住!我下去救你!

杨杰：谭哥!这!

谭东：快,把绳子升上来,绑在我腰上。

杨杰：谭哥,这太危险了,万一……

谭东：没有什么万一不万一的,快点儿!

杨杰：不行,这太危险了,万一您要有个闪失……

谭东：这是命令!

杨杰：是。

群声：谭警官,这下面确实太危险了!

要不再喊喊那司机,兴许他能抓住绳子。

这一个人都难上来,您下去要是再出了事…

谭东：老乡们，这好意我知道，可咱做警察的不能让老百姓在自个儿眼前活活冻死！一会还要大家帮忙把人弄上来。

群声：行！放心吧！

旁白：谭东顾不上脱掉警服，把那根粗壮的麻绳往腰间一捆，就毫不犹豫地纵身跳入了冰冷刺骨的河水中，水很快就淹到谭东的脖子，他奋力朝落水者祝林游去。而此时的祝林，几乎已经失去了求生的欲望，他的意识已经开始模糊，再晚一步，他的生命就将不复存在！

谭东：坚持住！醒醒，醒醒！你别睡，千万别睡……

祝林：(微弱的)嗯……冷……

谭东：坚持住，我是警察！

司机：(微弱的)警察……救我……

旁白：谭东将另一条麻绳结结实实地绑在落水司机的身上，并用双手使劲地往上托起他的身体，好让他尽快离开冰冷的河水。

谭东：上面的人，我这绑好了，快！往上拉那根绳子！

群声：来、来、来，大家一起。

一、二、三、用力！用力！

往后退，往后退。

马上要上来了。马上了。

唉，拽不动了！

谭东：上面的同志，你们喊个口号，我往上推，咱们一起用力。

群声：好的，１２３走！

出来了！出来了！太好了。

噢，救出来了！

［感动的音乐］

旁白：经过十几分钟的努力，大家终于将全身发抖、已经是奄奄一息的落水者救上了岸。

训练提示：这部广播剧现场感十足，剧情紧凑，气氛紧张，十分感人。剧中密布的对白和群声，恰到好处的音乐与音效，再现了当时面对紧急情况，谭东在众人劝阻下毅然坚持下水救人的英雄形象。剧中最大的难点是做出下水救人决定前谭东与杨杰的对话，语速快，情绪激动，练习时要多人配合，一气呵成，力争生动再现当时的情景。

五、广播剧《七年三日》片段

内容简介：《七年三日》是新城997的粤语广播剧，讲述阿猫突然脑部缺氧，脑袋一片空白，之后重复唱歌，入院留医后不肯出院，令女友宝生非常担心。一天，宝生带月簪来探病，阿猫与月簪十分投缘。阿猫翌日便出院,第三天阿猫发现自己爱上月簪。面对与自己有七年感情的女友宝生和只有三天的迷恋,阿猫进行了一连串的实验。

片段:住院

阿猫独白: 人基本上都是发神经的生物。任何一点非一般习惯性的事发生,神经都会跟着一起发。好像我现在这样。

对了,先说我是谁。我叫作茅子维,认识我的都叫我阿猫。

三个星期前,我女朋友开 Party 的时候,我的脑子突然什么都想不到,跟一张白纸似的,后来他们告诉我说,我重复唱"American Pie"这首歌,唱了有半个小时。于是他们送我去医院。但是一来到医院,我脑子里面的那张白纸已经不见了,我又像平时那样有问有答。搞了一会儿,医生终于说我当时可能是一时缺氧,所以出现了短暂的失忆。"一时缺氧",说真的,我挺喜欢这个解释,有意思,又不伤身,缺一下氧,然后做些平时做不到的事,其实挺好。

第二天,医生说我可以出院,但我真的觉得这间病房睡得很舒服,于是我想多睡两天。就这样,两天、两天,我就睡了三个星期,睡得不想走。其实我真的觉得很舒服,不想走,但我身边的人就是接受不了。因为他们死都不信,有会喜欢住医院的人。于是我看着他们一个个开始发神经,尤其是我的女朋友宝生。我已经发现,她开始在拿来给我的食物里面加了一些不知名的药片。如果不是这次这样住院,我都不知道原来要人很简单地相信一件事,是这么难的。

护士: 阮小姐,怎么样,这个花瓶够不够大?

宝生: 哎呀,这个花瓶最大了? 你看我这么一大束花,插不进去啊。

护士: 还有一个大点的,不知道是不是别人拿去了。这样吧,等我问一下,有的话我拿给你。

宝生: 好啊,多谢你。哎呀,姑娘,这里是不是不能打电话?

护士: 是啊,你从前面的门出去,就可以讲了。

宝生: OK,谢了。

阿猫独白: 不知道是这间医院让我好睡呢,还是这阵子我研究穴道太成功,我只是按着书里所说,顺便摁了几个穴道,接着就睡得不省人事。当我睁开眼时,见到窗帘全打开了,那些阳光好灿烂,我于是眯着眼,想着起床。

谁知一动,发觉床尾坐着一个人,是一个头发长长的女人,还把脚放在床上。上半身压着护栏,望着窗户,很舒服的样子。而且她还正在吃我摆在柜子里的苹果。

阿猫:Hello?

月簪:Hi,Hello。

阿猫:你是……(被打断)

月簪:你这儿好舒服,可以看到半个香港。怪不得你住得都不想走。这里还可以看到我以前的学校,不过呢,他们现在刷了别的漆,我觉得那些颜色很恶心。这些苹果很好吃,为什么摆在那不吃?很浪费的。

阿猫:我不是很喜欢吃苹果的。

月簪:那你就把它榨成汁,凡是你不喜欢吃的水果,就将它榨成汁,或者做成菜,那样的话,你吃了也不觉得什么。我有一个榨汁机,正好可以放在你床头柜上,我借给你用?

阿猫: 不用了。我怕洗东西的。

月簪: 你怎么这么懒的啊? 不过看你睡觉就像,就这么睡着都不动。

阿猫: 是吗? 你来了很久了?

月簪: 大概一会儿吧。其实很好笑的,我本来想趁机从你手里拿那本书来看,谁知道你睡觉还抓得这么紧,真像被人点了穴一样。

阿猫: 有没有这么夸张? 你怕弄醒我吵着我才是真的。

月簪: 你那本书好像挺好看的,有没有看到一些好玩的?

阿猫: 没有啊,看了那么久,都没有看到一个穴位是好玩的。

月簪: 那有没有一个穴位是点了以后可以不打嗝的?

阿猫：怎么你问得这么古怪？你经常打嗝？

月簪：不是经常，就是有点古古怪怪的时候才打的。就有一次正在演出，我的拍档应该托起我，而且我应该踢腿的，谁知道当他抱住我的时候我就开始打嗝了，他就想着忍笑，结果手软就托不起我了。

阿猫：你跳舞的？

月簪：是啊。

阿猫：你就是月簪。

月簪：嗯，很久没有听人叫我的中文名了。

宝生：你们啊，我敲了这么久的门，都没人理我。

月簪：你的花好靓。你很想做明星的吗？这么一大束花。

阿猫：是啊，真的这么大一束，摆在哪？

宝生：不要啦！你是喜欢这些花的，现在不喜欢啦？

月簪：宝姨，他是不知道摆在哪里嘛，不是说不喜欢。

阿猫独白：真是旁观者清。宝生的确将那些花插得很漂亮，但是那束花大得像圣诞树一样硬摆在茶几上的时候，整件事就和漂亮不漂亮没关系了。我都不知道为什么宝生会这样，她将她对我的好，越放越大，好像怕其他人看不见一样，我知道她不是特意做给人看，但是我就好害怕，因为我是做不出这些事的人。所以现在耳边的人都说她宠坏我，太迁就我。那就好像妈妈太好，好到全世界的人都感动得哭了，而且还觉得：好啊，你这个衰仔，这么不孝顺！哎，但是我没有理由要对女朋友孝顺的嘛，对不对？

训练提示：这是一部粤语广播剧，张国荣和林忆莲的演播轻松流畅，生动传神。演员从事广播剧演播具有得天独厚的优势,和播音员不同,他们的语言更加戏剧化。练习时要注意学习这种有"戏"的语言表达。

六、广播剧《半暖时光》片段

内容简介:《半暖时光》是桐华的现代题材小说。小说讲述一个90后的名牌大学女生颜晓晨在从校园踏入社会的过程中经历的惊心动魄的命运与爱情的逆境和挫折,那些人性中的善良与丑恶、光明与黑暗的残酷冲突,构成了颜晓晨独特的人物命运故事。她的两个男友都是"害死父亲的仇敌",人类与人性中情感与理智的冲突演绎了一场感人肺腑的现代爱情悲剧。

第1集片段:食堂吃饭

[第二天,颜晓晨在机房学习]

颜晓晨:大学的生活看似丰富多彩,可平时打工又没时间参加任何活动,简历真是没什么可写的。

[电话震动]

程致远：你好！

颜晓晨：(自言自语)谁啊……啊,该不会是(按通话记录)……果然是海德希克。(急忙回复)你想几点吃饭？

程致远：几点都可以。

颜晓晨：你几点下班？

程致远：我上班时间比较自由,你看你什么时间方便,我都可以。

颜晓晨：五点半可以吗？我在学校的西门外等你,知道怎么走吗？

程致远：知道,五点半见。

[五点半,颜晓晨往校门走]

群　声：(对面方向来的女生,都在讨论着"长得帅的大款")

颜晓晨：(心想)不会是海德希克吧？长得帅能一眼看出,可她们如何判断出有钱没钱的呢?

旁　　白:颜晓晨第一眼就看到了海德希克。秋风中,他一袭风衣,气质出众,不得不说蓝月酒吧侍者的眼光还是很靠谱的。

[颜晓晨快步上前,却发现连他姓什么都不知道,完全不知道该如何称呼。四目相对,她有点尴尬]

颜晓晨:你好……

程致远:你好! 你还不知道我叫什么吧? 这是我的名片。

颜晓晨:嗯! 程致远。我们去吃饭吧!

程致远:在哪里? 这会儿是下班时间,出租车很难叫,我让司机送一下。

颜晓晨:就在附近,很近的,走路去。

[两人来到学校食堂前]

颜晓晨:上下两层,可容纳一千多人同时就餐,建筑的外观是西式风格,很庄重宏伟,我相信在寸土寸金的上海市,没有任何一家餐馆能比它占地面积更大,更有气势。

程致远: 是这样啊!

颜晓晨: 那边的三个窗口是北方面点,有扯面、拉面、烩面、刀削面、葱油饼、馄饨、饺子……那边的六个窗口是炒菜,宫保鸡丁、干烧鱼、红烧肉、鸭血汤、盐水鸭……各种南方菜肴都有。那是伊斯兰烤肉,现烤现卖。楼上是各式小炒,还有铁板牛柳、英式炸鱼排、韩国石锅饭、日本寿司。(最后,她指着墙边的一排大铁桶)那里有各种汤,免费的。

程致远: (神情自若地打量了一圈,笑着调侃道)果然菜肴风味南北汇聚、东西合璧,也真的是各式汤品都有。

颜晓晨: (扑哧笑了出来)你想吃什么?

程致远：炒菜和米饭,不要鱼,食堂的鱼做得实在是难以下咽。

颜晓晨：我去买饭,你等一下啊。

[两人坐了下来,点好菜]

颜晓晨：(给程致远递筷子)希望你吃得惯。

程致远：我读书时,也天天吃食堂。现在在外面吃饭的机会很多,可想吃一次学生餐,很难!

颜晓晨：我当时太想赢了,耍了点花招。下一次,等我找到工作,再请你吃顿好的。

程致远：好!

[隔壁来了一群人,渐渐靠近颜晓晨]

群　声：(颜晓晨身边开始有人议论纷纷,大概内容就是那不是沈候吗?有戏看了,颜晓晨也在这儿,还跟着一个男人)

赵宇桓：(对着他的女伴)哎,那不是颜晓晨吗?你过去占她旁边的位置。

女 伴:好!

赵宇桓:(对着沈候故意大声喊)沈候!你喝什么饮料?

[沈候和其他人走过来]

沈 候:赵宇桓,你没病吧?

赵宇桓:颜晓晨,你不介意我们坐这里吧?

颜晓晨:不介意。

赵宇桓:颜晓晨,不给我们介绍一下你对面的男士吗?

程致远:你好,我是程致远。

赵宇桓:认识一下,我是颜晓晨的朋友,叫赵宇桓。

赵宇桓:看你的样子,像是传说中的事业成功人士,到学校来泡妹妹?(赵宇桓对旁边的哥们儿阴阳怪气地说)我现在终于知道你们学校每天晚上停的那一排排豪车都是什么人开的了。

群　声：（大家都看着颜晓晨和程致远笑。）

训练提示：这是一部青春言情广播剧。颜晓晨是在校大学生,声音年轻活泼,语言表达可以睿智阳光,也可以古灵精怪。程致远 30 出头,事业有成,气宇不凡,声音成熟稳重,谈吐优雅亲和。广播剧是声音的艺术,通过声音塑造具体的人物形象,比画面给人更多的想象空间。练习时重点把握声音气质的塑造。

后 记

1998年,我怀揣着物理学的梦想考入了北京广播学院(现中国传媒大学)信息工程学院电子工程专业。

2000年,在同班同学唐玉亭和徐智鹏的鼓励下,我辅修了第二专业播音主持艺术。

2002年,我考上了北京广播学院播音主持艺术学院的硕士研究生,师从付程教授。同年我录制了人生中的第一部配音作品——摩托罗拉V680CDMA电视广告。

2005年,研究生毕业后我留在了播音主持艺术学院担任专业教师。

2015年,在我工作10年的时候,考上了中国传媒大学播音主持艺术学中国播音学方向博士研究生,师从曾志华教授。

时光荏苒,沧桑变化,万千感慨让我想起了一段广告语:"如果说人生的离合是一场戏,那么百年的缘分,更是早有安排"。

十年中,我与王明军老师共同撰写了《影视配音艺术》(第1、2版)、《影视配音实用教程》等教材。这些书让我在有声语言艺术中找到了自己的阵地。这一系列论著成为很多院校相关专业的理论教材和有声语言艺术爱好者的自学实践参考,得到了众多同行的肯定和鼓励,也收到不少意见和建议。

为了进一步丰富有声语言艺术理论,为广大爱好者提供更完备的训练教材,《播音主持基本功训练掌中宝——配音·演播》除影视剧配音和动画片配音的简要讲解和训练外,还加入了小说演播和广播剧演播的简要讲解和训练。

本书收录和引用了大量不同时期、不同作者的配音、演播作品。有的是文本,有的是播出的节目或链接地址。编写过程中得到了很多人的无私帮助:感谢配音演员谢轶辉牺牲个人休息时间帮我整理韩剧和部分广播剧材料;感谢中央人民广播电台王娟为我搜集广播剧材料;感谢浙江广播电视集团浙江之声主持人许一零为我搜集部分小说材料和他的小说演播作品;感谢韩芷豪和王嘉欣两位同学为我的影视配音公选课付出的个人时间和辛勤劳动;感谢中国传媒大学出版社编辑赵欣、蔡开松为这本书的出版付出的巨大心血。

最后,感谢一直以来关爱我、体谅我,给我生命、帮我成长的父母;感谢我的外婆,我的妹妹韩笑,我的博士生导师曾志华,硕士生导师付程,我大学时代的恩师倪士兰,还有已经故去的影视配音艺术家、我的恩人亦挚友李易。

    此刻,我怀着无比激动又忐忑的心情,期待这本小书的问世。

阎亮

2015 年 10 月于北京

图书在版编目(CIP)数据

播音主持基本功训练掌中宝. 配音·演播/阎亮编著.--北京：中国传媒大学出版社,2016.3(2021.12重印)

ISBN 978-7-5657-1535-8

Ⅰ.①播… Ⅱ.①阎… Ⅲ.①播音—语言艺术 ②主持人—语言艺术 Ⅳ.①G222.2

中国版本图书馆CIP数据核字（2015）第274757号

播音主持基本功训练掌中宝——配音·演播
BOYINZHUCHI JIBENGONG XUNLIAN ZHANGZHONGBAO —— PEIYIN·YANBO

编　　著	阎　亮
策划编辑	赵　欣
责任编辑	赵　欣　蔡开松
责任印制	李志鹏
封面设计	拓美设计

出版发行	中国传媒大学出版社
社　　址	北京市朝阳区定福庄东街1号
邮　　编	100024
电　　话	86-10-65450528　65450532
传　　真	65779405
网　　址	http://cucp.cuc.edu.cn
经　　销	全国新华书店
印　　刷	北京中科印刷有限公司
开　　本	850mm×1168mm　1/64
印　　张	3.75
字　　数	86.6千字
版　　次	2016年3月第1版
印　　次	2021年12月第4次印刷
书　　号	ISBN 978-7-5657-1535-8/G·1535
定　　价	16.00元

本社法律顾问:北京李伟斌律师事务所　郭建平
版权所有　翻印必究　印装错误　负责调换